図解版

行政経営改革の
理論と実務

編著

横山 幸司
Yokoyama Koji

著

廣瀬 浩志　**三宮 章敬**　**今岡 夕子**
Hirose koji　　　Sannomiya Akiyuki　　Imaoka Yuko

平田 明寿　**島　健人**
Hirata Akihisa　　Shima Taketo

SUNRISE

はじめに

　滋賀大学において令和元年度から5年度にかけて開講された「行政経営改革塾」の内容を基に、これまでに「行政経営改革の要諦」「コロナ時代を生き抜く自治体経営論」「行政経営改革の理論と実務」（いずれもサンライズ出版）といった3冊の書籍を上梓させて頂いた。

　おかげさまで多くの読者から好評を頂いたが、一方で「200ページ以上読むのは大変だ。もっと簡潔に分かる本はないか。」といったご要望も多く寄せられた。

　そこで、今回、上記書籍の内容を踏まえ、行政経営改革のポイントを図解版にまとめたのが本書である。

　図解化というのは一見簡単そうに見えるが、ただ文章を書くより遥かに難しいことを思い知らされた。共著者と一緒に試行錯誤のうえ、何とかこのような形で出版することができたのは、編集者の竹内信博氏、デザイナーの藤井詳子氏をはじめとするサンライズ出版の皆さんのご尽力のおかげである。改めてここに記し、謝意を表したい。

　本書が行政経営改革に取り組もうとされる全国の自治体職員や議会議員の皆さんの参考書となれば幸いである。

2024年5月

滋賀大学経済学部教授／社会連携センター長

横山　幸司

Contents

Chapter 4

政策立案の考え方と事務事業見直し

Chapter 5

地方公会計による財務分析 (一般会計・公営企業会計)

Chapter 6

業務の棚卸しとBPR (業務改善)

Chapter 7
自治体 DX 推進計画について

Chapter 8
補助金・負担金等歳出の見直し

Chapter 9
使用料・手数料等歳入の見直し

Chapter 1

なぜ、行政経営改革が必要なのか

滋賀大学　横山幸司

1 未曽有の人口減少社会・超少子高齢社会の到来①

✓ 2015年国勢調査で日本の人口が初めて減少
2020年調査ではさらに約94万人減少

✓ 高齢化率（65歳以上人口割合）
26.6％→28.6％（▲2.0ポイント）

✓ 新過疎法対象地域（R4.4.1）
820団体→885団体（▲65団体）

✓ 2040年にはすべての都道府県で2010年の
人口を下回る

✓ 2070年代には日本の人口は8000万人代
高齢化率は約40％

ポイント 全ての政策、まちづくりは、人口減少社会・
超少子高齢社会を前提に考えなくてはならない。

年齢別人口の将来推計

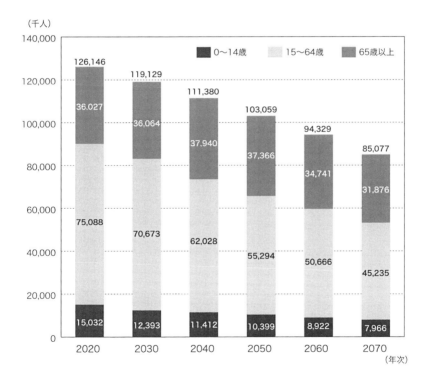

(千人)

凡例: ■ 0〜14歳　□ 15〜64歳　■ 65歳以上

年次	総人口	65歳以上	15〜64歳	0〜14歳
2020	126,146	36,027	75,088	15,032
2030	119,129	36,064	70,673	12,393
2040	111,380	37,940	62,028	11,412
2050	103,059	37,366	55,294	10,399
2060	94,329	34,741	50,666	8,922
2070	85,077	31,876	45,235	7,966

(年次)

参考文献・関係法令

国立社会保障人口問題研究所「総人口及び年齢構造係数:出生中位(死亡高位)推計」(令和5年推計)

1 未曽有の人口減少社会・超少子高齢社会の到来②

✅ 地方公共団体の総職員数（2022.4.1現在）は、対1994年比で約48万人の減少（▲15％）。

✅ 2040年代にはさらに減少予想。
もはや、行政職員頼みの地域自治は望めない。

✅ 一層の PPP・PFI や RPA・AI の導入が必至。
さらには、人材のアウトソーシングが必至。

✅ 多種多様な人材により公共領域を維持していかなければならない。

ポイント 忘れてならないのは、行政職員も高齢化そして減少しているということ。

地方公共団体総職員数の推移

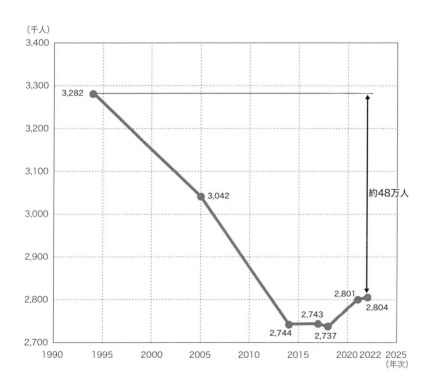

（千人）

約48万人

3,282
3,042
2,744
2,743
2,737
2,801
2,804

1990　1995　2000　2005　2010　2015　2020　2022　2025
（年次）

参考文献・関係法令

総務省「令和4年地方公共団体定員管理調査結果」

2 国家的な財政難・地方財政の悪化①

✔ 普通国債残高、借入金、地方債務残高など国・地方の双方について集計した「国及び地方の長期債務残高」は1241兆円。（2022年度末）

✔ 国民１人当たりでは約１千万円を超える。

✔ 主要先進国の中で最悪の水準。
（対 GDP 比218％）

✔ コロナ禍でさらに悪化。

ポイント 国家的な財政難により、地方財政はさらに
圧迫されていくことが予想される。

国及び地方の長期債務残高

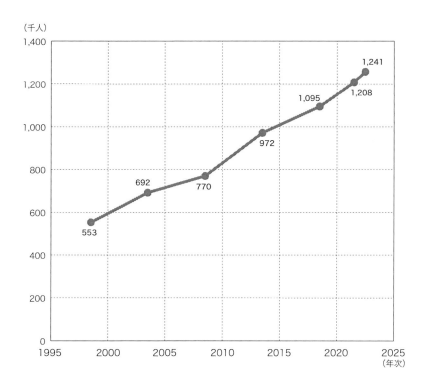

（千人）

553
692
770
972
1,095
1,208
1,241

参考文献・関係法令

財務省「日本の財政関係資料」（令和5年10月）

2 国家的な財政難・地方財政の悪化②

✅ 経常収支比率は、人件費、扶助費、公債費等の義務的性格の経常経費に、地方税、普通交付税、地方譲与税等の経常一般財源収入がどの程度充当されているかをみることにより当該団体の財政構造の弾力性を判断するものである。

✅ 地方の経常収支比率は、90.2％（令和3年度）となり、18年連続で90％を上回っている。

✅ つまり、地方公共団体が、独自に政策を行おうとしても、裁量のある予算の余地は10％以下ということ。

ポイント

地方財政を測る財務指標はいくつもあるが、代表的な経常収支比率一つをとっても、地方財政が危機的なことは明らかである。

地方公共団体の経常収支比率の推移

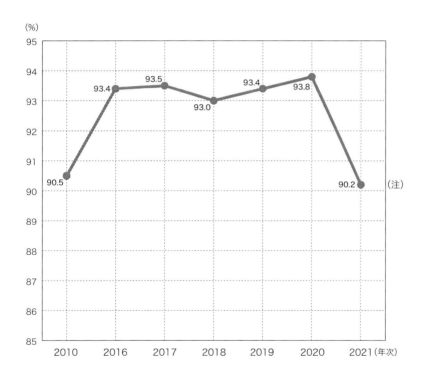

参考文献・関係法令

総務省「令和5年版地方財政白書」
注：令和3年度（2021年度）は臨時財政対策債償還基金費を除く

3 公共施設・インフラの危機①

✅ 多くの地方公共団体で、上下水道施設は、
老朽化対策や耐震化が求められている。

✅ このままでいくと、収益収支は単年度赤字になる
とともに、補填財源が不足し、上下水道事業経営
は破綻する。

✅ 料金の改定や整備計画の見直し、広域化、
コンセッション等民間活力導入は必至である。

ポイント 代表的なインフラの一つに上下水道があるが、多くの地方公共団体（事業体）においてその経営が厳しくなっている。

A市の水道事業「純損益の長期推計」

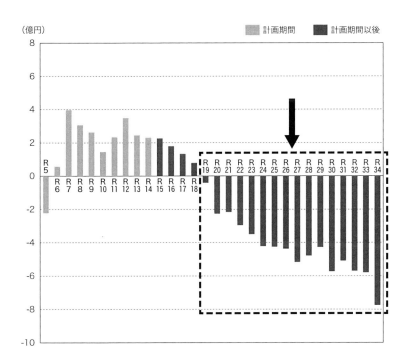

参考文献・関係法令

総務省「経営戦略策定・改定マニュアル」（令和4年1月）

3 公共施設・インフラの危機②

- ✓ 経年劣化のほか、住民や利用者のニーズの多様化、バリアフリー化、耐震化などに対応するための大規模改修や更新が必須

- ✓ 今後10数年で、維持管理・更新費が、投資可能総額を上回る

- ✓ もはや従来の公設公営では対応は不可能

- ✓ 公共施設の合理化やコンパクトシティ化、フルセット主義からの脱却、民間活力導入は必至

ポイント 今後10数年で、多くの公共施設・インフラが建設後50年以上を経過する。

建設後50年以上を経過する社会資本の割合

社会資本	施設数	令和2年3月	令和12年3月	令和22年3月
道路橋	約73万橋	約30%	約55%	約75%
トンネル	約1.1万本	約22%	約36%	約53%
河川管理施設	約4万6千施設	約10%	約23%	約38%
下水道管渠	約48万km	約5%	約16%	約35%
港湾施設	約6万1千施設	約21%	約43%	約66%

参考文献・関係法令

国土交通省「社会資本の老朽化の現状」(令和2年推計)

4 行政の肥大化と既存組織の機能不全①

- ☑ 公務員数も住民も減少しているのに、いまだ組織・事業のスクラップ＆ビルドは進んでいない。

- ☑ 行政がここまで肥大化したのは第二次世界大戦後。かつてはどこでも地域自治・市民自治が基本であった。

- ☑ 今日、地域に存在する組織・事業の多くは高度経済成長期・人口増大期につくられたもの。

- ☑ これらの組織・事業をただ昔のままに継続するのではなく、歴史的使命を終えたものは廃止したり、規模、機能に合わせて再構築する必要がある。

現代は、低経済成長期（人口減少社会）に突入しているにもかかわらず、高度経済成長期（人口増大期）につくられた組織・事業がそのまま存続している。

行政の肥大化　概念図

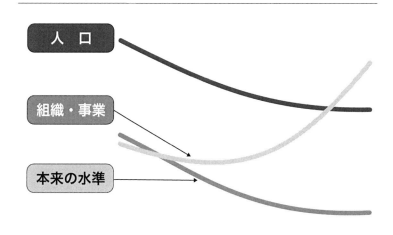

人口

組織・事業

本来の水準

| 高度経済成長期
（人口増大社会） | 低経済成長期
（人口減少社会） |

※著者作成

4 行政の肥大化と既存組織の機能不全②

- ☑ 自治体経営とは、公共私の役割分担によって地域を担っていくことである。

- ☑ 協働すべき領域は全政策分野（全部署）にある。災害時の役割分担が一番分かりやすい。

- ☑ 人口減少・超高齢社会に突入し、多くの既存組織が、担い手不足、財源不足に陥り、その結果、強制参加や裏予算化、最悪、着服横領等の犯罪も起こっている。

- ☑ そもそも、現代の需要にマッチしておらず、地域にとって必要な機能を果たしていない。ニーズのない事業を行っている。組織の維持・存続が目的となっている。

ポイント 一番の問題は、既存の組織・事業が現代の需要にマッチしておらず、機能不全に陥っていることである。

公共私の役割分担　概念図

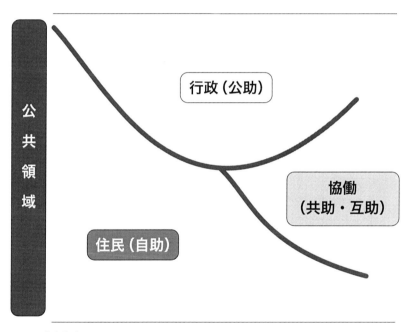

公共領域

行政（公助）

協働
（共助・互助）

住民（自助）

※著者作成

5 変わりゆく公の概念①

✔ 従来、公共の主体は地方公共団体であった。
そこに一部、民間の経営手法を取り入れたのが、
NPM（ニュー・パブリック・マネジメント）である。

✔ これからは、さらに進んで公共領域を公と民が共
に担う公民連携＝PPP（パブリック・プライベー
ト・パートナーシップ）が望まれる。

✔ すでに、土木・建築や上下水道などの専門分野では、
様々なアウトソーシングの手法によって公民連携
が進んでいる。

✔ 今後、一般行政分野においても、さらなるアウト
ソーシング等公民連携が進むことが予想されるこ
とから、その規範・ルールづくりが急がれる。

ポイント 公の概念そのものが変化してきている。
NPM から PPP の時代へ。

NPM と PPP の概念図

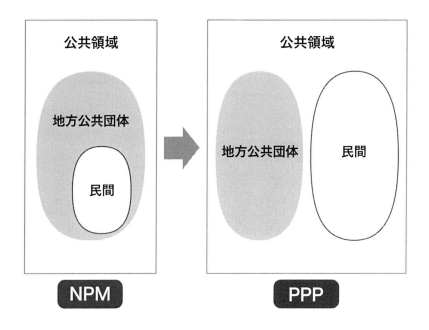

※著者作成

5 変わりゆく公の概念②

✓ 総務省の研究会報告書「自治体戦略2040構想研究会・第二次報告」において、これからの地方自治体は、これまでのようなサービス・プロバイダーではなく、様々な主体（公共私）を調整していくプラットフォーム・ビルダーに転換すべきと提言している。

✓ つまり、第1次的には住民に提供される公共サービスは全て、民間事業者から提供される。

✓ 公共領域をプラットフォームとするならば、そのプラットフォーム内での様々な利害関係の調整や許認可事務、監査業務等だけを地方公共団体が担うことが予想されるが、その整理は進んでいない。

✓ 我が国として、上記を目指すのであれば、その際の規範・ルール作りを急がねばならない。

ポイント 公の概念そのものが変化してきている。
サービス・プロバイダーからプラットフォー
ム・ビルダーの時代へ。

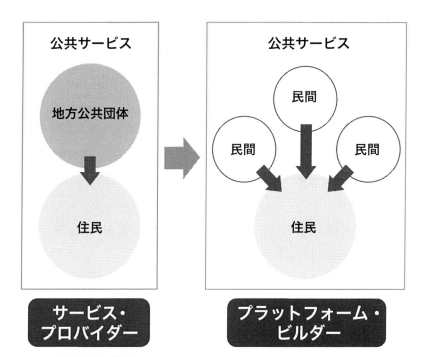

プラットフォーム・ビルダーの概念図

公共サービス

地方公共団体

↓

住民

**サービス・
プロバイダー**

公共サービス

民間

民間　　　　民間

↓↓↓

住民

**プラットフォーム・
ビルダー**

※参考文献を基に著者作成

参考文献・関係法令

総務省「自治体戦略2040構想研究会・第二次報告」(2018)

5 変わりゆく公の概念③

✔ コレクティブ・インパクト…「複数の異なるセクター（行政、企業、NPO、財団など）が、ある社会課題を解決するために協働し、インパクトを創出すること」

✔ 2011年に米 FSG コンサルティング社のジョン・カニア、マーク・クラマーが提唱。

✔ しかし、多くの自治体では、真の「市民協働推進計画」や「公民連携の方針」も策定されておらず、例えば、郵便局との「包括連携協定」や企業との「防災連携協定」を締結したにもかかわらず、具体的には何も進んでいないことが多い。

公の概念そのものが変化してきている。
コレクティブ・インパクトの時代へ。

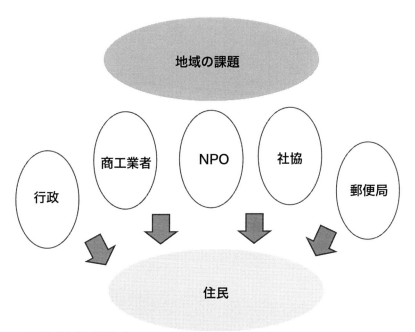

コレクティブ・インパクトの概念図

※参考文献を基に著者作成

参考文献・関係法令

デイヴィッド・ピーター・ストロー著、小田理一郎監訳、中小路佳代子訳「社会変革のための
システム思考ガイド」(英治出版、2018)

Chapter 2

行政経営改革とは何か

滋賀大学 **横山幸司**

1 我が国の行革の系譜

✔ **1980年代　中曽根行革**
三公社民営化や行革大綱等策定の要請が進められた。

✔ **1990年代　橋本行革**
中央省庁再編や地方分権推進計画等が進められた。

✔ **2000年代　小泉行革**
平成の市町村合併や三位一体の改革が進められた。

✔ **2009 〜 12年　民主党政権**
事業仕分けなどが行われた。

✔ **2012年〜　アベノミクス**
行革とは位置付けられていないが、地方創生が進められた。

✔ **2020年〜　菅、岸田政権**
行革とは位置付けられていないが、会計年度任用職員制度
や内部統制制度が導入された。
現在は DX が推進されている。

ポイント 我が国の行革の流れには、「財政再建と小さな政府」「市場と規制緩和」「ガバナンス改革」の大きく3つの柱がある。

我が国の行革の流れ　概念図

財政再建と 小さな政府	市場と 規制緩和	ガバナンス 改革
三公社民営化	日米構造協議	外部監査制度導入
消費税導入	金融ビッグバン	情報公開法 （パブリックコメント）
中央省庁再編	労働者派遣拡大	政策評価
特殊法人改革 （独立行政法人制度・ 道路公団・郵政民営化）	会社法改正	地方分権一括法
介護保険制度	農業への企業参入	市町村合併 三位一体の改革
年金改革　　　など	規制改革特区	公会計制度の導入
	公益法人制度改革	会計年度任用職員 制度
	PFI・指定管理者 制度など	内部統制制度
		デジタル化の推進 など

※参考文献を基に著者加筆・作成

参考文献・関係法令

平石正美「行政改革とNPMの論理と展開」『日本の公共経営—新しい行政—』
（北樹出版，2014）

1　我が国の行革の系譜 ● 35

2 地方自治体における行革の沿革

- ✔ 行政評価は、国に先がけ、地方自治体（三重県庁）から始まった。

- ✔ その後、国で「政策評価法」が制定されたが、国の機関が対象であり、地方自治体は対象となっていない。

- ✔ 「行革推進法」も主に国の機関が対象であり、地方自治体に関する条文はわずかである。

- ✔ 「財政健全化法」等も行革に関連する法律といえる。

参考文献・関係法令

「行政機関が行う政策の評価に関する法律」（政策評価法）
「簡素で効率的な政府を実現するための行政改革の推進に関する法律」
（行政改革推進法）
「地方公共団体の財政の健全化に関する法律」（財政健全化法）

ポイント

地方の行革は中曽根行革から始まり、小泉行革で最も盛んになったが、それ以降は大きな流れはない。

地方自治体における行革の沿革

1980年代 中曽根行革	1985年　第二次臨調を受けて、自治事務次官通達により全国の地方自治体に対し、「行政改革大綱」の策定を要請
1996年	三重県で「事務事業評価システム」導入
1990年代 橋本行革	1999年　「地方分権一括法」が成立。その後、「市町村合併」が促進される
2000年代 小泉行革	2004〜2006年　「三位一体の改革」（補助金の廃止・縮減、地方交付税の改革、国から地方への税源移譲） 2005〜2009年　総務省より全国の地方自治体に対し、「集中改革プラン」の策定・公表を要請（定員管理の適正化、組織・機構の改革、給与・手当の適正化、事務事業の見直し、外部委託、行政の情報化）
2001年	「政策評価法」が成立 （ただし、国の行政機関を対象としたもの）
2006年	「行政改革推進法」が成立
2007年	「財政健全化法」が成立
2009年〜 民主党政権以降	近年は、細々とした動きはあるものの、大きな行政経営改革の動きはない。

3 行革の法的根拠①

✔ 地方公共団体に関する条文は、第二条（基本理念）、第三条（国及び地方公共団体の責務）、第五十五条（地方公共団体の職員数の純減）、第五十六条（地方公務員の給与制度の見直し）と少ない。

✔ これらの項目は、今日では行革の全部とは言えないが、当時の政府が、求めていた行革の具体的な項目といえよう。

✔ 地方公共団体の行革を細かく規定した法律はないため、今日、行革を実施していない団体や実施していても、その手法に問題がある団体が少なくない。

参考文献・関係法令

「簡素で効率的な政府を実現するための行政改革の推進に関する法律」（行政改革推進法）

ポイント 「行政改革推進法」の中に、政府及び地方公共団体という形で地方公共団体に求められている行革が挙げられている。

行政改革推進法における地方公共団体に関する規定

（基本理念）
第二条　…（中略）、政府及び地方公共団体の事務及び事業の透明性の確保を図り、その必要性の有無及び実施主体の在り方について事務及び事業の内容及び性質に応じた分類、整理等の仕分けを踏まえた検討を行った上で、（中略）、政府又は地方公共団体が実施する必要性の減少した事務及び事業を民間にゆだねて民間活動の領域を拡大すること並びに行政機構の整理及び合理化その他の措置を講ずることにより行政に要する経費を抑制して…（中略）。

第三条（国及び地方公共団体の責務）

第五十五条（地方公共団体の職員数の純減）

第五十六条（地方公務員の給与制度の見直し）

3 行革の法的根拠②

- ✓ 第2条第14項には、有名な「最小の経費で最大の効果を挙げるようにしなければならない。」がある。

- ✓ 同じく、第2条第15項には、「組織及び運営の合理化に努める」「規模の適正化を図らなければならない」とある。

- ✓ 一番、意味深いのは第1条の「民主的にして能率的な行政の確保」であろう。確かに、国民の合意を得ていく民主主義は能率性だけを追い求めることはできない。

- ✓ 筆者は逆も真なりと解釈する。能率的な行政を心掛けることにより民主主義も担保されるのではないかと考える。不祥事の起こる団体は、たいてい事務が滞り、独裁的な長による非民主的な運営が多いからである。

地方自治の憲法と呼ばれる「地方自治法」の第1条、第2条に行革の本旨ともいえる条文がある。

地方自治法が求める行革の本旨

（第一編　総則）

第一条　この法律は、地方自治の本旨に基いて、（中略）、地方公共団体における民主的にして能率的な行政の確保を図るとともに、地方公共団体の健全な発達を保障することを目的とする。

第二条　地方公共団体は、法人とする。（中略）

14　地方公共団体は、その事務を処理するに当つては、住民の福祉の増進に努めるとともに、最少の経費で最大の効果を挙げるようにしなければならない。

15　地方公共団体は、常にその組織及び運営の合理化に努めるとともに、他の地方公共団体に協力を求めてその規模の適正化を図らなければならない。

参考文献・関係法令

「地方自治法」第1条、第2条

4 行政経営改革の手順

✔ 行政経営改革は総合計画の策定から始まっている。すべての政策は総合計画に沿って立案されているはずだからである。

✔ 行政経営改革の実施にあたり、真っ先に行うべき作業が現状分析である。現状分析には大きく2つの柱がある。一つは、「財務分析」であり、もう一つが「業務の棚卸し」である。

✔ 「財務分析」や「業務の棚卸し」を行った結果を踏まえ、具体的な「事務事業の見直し」や「業務の改善」を行う。同時に、「公民連携」も検討する。

✔ 「事務事業の見直し」は詳しくは、「補助金・負担金等歳出の見直し」や「使用料・手数料等歳入の見直し」「公共施設・公有財産の見直し」などがある。

✔ 最後に定期的なモニタリング（行政評価・監査）である。常に、定期的に政策を評価・モニタリングしていくことが重要である。

行政経営改革は、①総合計画等の策定→②現状分析→③事務事業の見直し・業務の改善→④定期的なモニタリング（行政評価・監査）という一連の流れを指す。

行政経営改革の流れ（フロー図）

総合計画（財政計画）行革大綱、内部統制指針

監査（随時・外部）モニタリング

業務の棚卸し 財務分析

事務事業の見直し 業務の改善（BPR）

行政評価 内部統制評価

既存制度の見直し

公民連携（PPP）の推進

- 補助金、負担金等歳出の見直し
- 使用料、手数料等歳入の見直し
- 公共施設・公有財産のマネジメント
- 組織・人事・働き方の改革
- 地域ガバナンスの改革・コミュニティ支援

- PFI、指定管理者制度の導入
- 業務のアウトソーシング（BPO）
- デジタル化・オンライン化
- AI／RPA の導入
- 公営企業のマネジメント

参考文献・関係法令

横山幸司「行政経営改革の理論と実務」（サンライズ出版、2023）

Chapter 3

総合計画と行政評価

滋賀大学　横山幸司

1 総合計画の沿革と法的根拠

✔ 1969年改正の地方自治法第2条第4項に「市町村」は「基本構想を定め」とあった。これを根拠に市町村のみならず、都道府県を含めた地方自治体は基本構想を頂点とする総合計画を策定するようになった。

✔ しかし、2011年改正の地方自治法で、この条文は撤廃された。
その背景には、地方分権の流れがある。国が指図しなくても、当然、総合計画は必要だからである。

✔ 一方、地方自治体は、形骸化した総合計画を策定するのではなく、意味のある総合計画を策定することが求められている。

ポイント かつては、地方自治法に総合計画策定の根拠があったが、現在、法的義務はない。しかし、当然ながら、総合計画はどこの自治体でも策定する必要がある。

地方自治法第2条4項（1969年）

市町村は、その事務を処理するに当たっては、議会の議決を経てその地域における総合的かつ計画的な行政の運営を図るための基本構想を定め、これに即して行うようにしなければならない。

地方自治法の一部を改正する法律により第2条第4項が削除（2011年）

地方分権の流れと形骸化したこれまでの総合計画に対する批判が背景。

現在も地方自治体では条例等を根拠に総合計画は策定されている。

2 総合計画とは何か

✅ 総合計画は、通常、「基本構想」「基本計画」「実施計画」の3層からなり、「基本構想」→「基本計画」→「実施計画」の順に具現化していくものである。つまり、ロジックツリーでなければならない。

✅ 地方自治体によっては、実施計画は、各部署の個別計画としているケースも少なくない。

✅ 総合計画の達成状況を評価する仕組みが行政評価であるが、地方自治体によっては、評価指標がつくられていないケースもあり、問題である。

参考文献・関係法令

郡山市公式ウェブサイト「総合計画とは何ですか？」
https://www.city.koriyama.lg.jp/soshiki/21/5842.html (2021.12)

総合計画は、通常、「基本構想」「基本計画」「実施計画」の３層からなる。総合計画はこの３層の総称である。

福島県郡山市の総合計画の解説例

総合計画とは、地方自治体における行政運営の最上位計画であり、住民全体で共有する自治体の将来目標や施策を示し、全ての住民や事業者、行政が行動するための基本的な指針となるものです。

行政運営の目的と手段を明確にするため、通常、『**基本構想**』、『**基本計画**』、『**実施計画**』の３層で構成され、それぞれ次のような役割を持っています。

『**基本構想**』：将来目標や目標達成のための基本施策を表します。

『**基本計画**』：基本構想に基づき、各部門における基本施策の内容を体系的に表します。

『**実施計画**』：基本計画で定める施策を計画的に実施するために必要な具体的事業を表します。

3 総合計画の持つ3つの意味①

- ✓ ロジックツリーとは、ある事象間をロジックによってツリー状に展開していく手法を指す。結果に対してその原因を掘り下げていく、もしくはある目的を実現するための手段を具体化していくという手法である。

- ✓ 総合計画で言えば、まず基本構想（例えば「だれもが安心して暮らせるまちづくり」）があり、その基本構想を具体化するための手段が政策（「防犯・防災の充実」）である。さらにその政策を具体化するための手段が施策（「防犯活動の促進」）であり、施策を具体化する手段が事務事業（「防犯カメラの設置補助」）となる。

- ✓ 基本構想が、ただのキャッチフレーズになっていたり、ただ、事務事業を寄せ集めたものを施策としていたりするケースが多く見受けられる。総合計画が正しく理解されていない証左である。

> **ポイント**　総合計画は、「行政の最上位計画」と呼ばれる。それは、ロジックツリーでなければならないことを意味する。

- -

①行政の最上位計画としての総合計画（＝ロジックツリー）

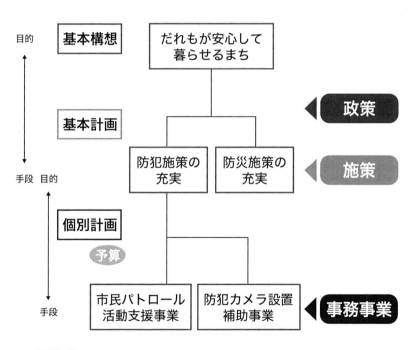

※著者作成

3 総合計画の持つ３つの意味②

✓ NPM の概念が普及して以来、民間企業の原理を行政に導入し、経営管理論における「PDCA サイクル」（Plan（計画）→ Do（実施）→ Check（評価）→ Action（改善））に総合計画や行政評価を当てはめる考え方がある。

✓ 自治体は企業とイコールではなく、どちらが優位ということはない。ただし、自治体もヒト、モノ、カネ、情報等を扱う経営体である以上、それらを戦略的にマネジメントする必要がある。

✓ 我が国の官公庁は、これまで、総合計画、それに比例した組織、人事、財政等どれをとっても戦略的と呼べるものではなかった。

✓ しかし、いよいよヒトもカネもない時代になり、マネジメントなしでは、経営は成り立たないのである。総合計画をはじめとする各種の行政計画はいずれも将来を予測した戦略的な策定が求められる。

ポイント 自治体も経営体である以上、ヒト、モノ、カネ、情報等を戦略的にマネジメントする必要がある。総合計画は、経営体としての「経営戦略」という意味を持つ。

②経営体としての自治体の経営戦略

 **Plan**（計画）
 **Do**（実施）
 **Check**（評価）
 Action（改善）

組織・人事のマネジメント

公共施設・インフラのマネジメント

財政のマネジメント

※著者作成

3 総合計画の持つ3つの意味③

✔ これからの公共政策は行政だけで担えるものではなく、あらゆる政策分野において、行政と民との協働が不可欠である。そうした時に、そのまちがどのような方向性を持って、まちづくりをしていくのか、その方針が明らかでなければ民も何を目指していいのか分からない。

✔ 行政と民がまったく違う方向を向いていたならば、まちづくりも進まない。そのために、"まちの方針"として総合計画を策定する必要がある。

✔ 総合計画に記載する政策について「公共私」の役割分担の表記や、地域別に「地域計画」を定める例も見受けられる。これらは、「住民等も含めたまちづくりの指針」としての総合計画の側面を強く打ち出したものといえる。

ポイント **総合計画は、自治体内部だけのものではなく、地域住民等を含めたまちづくりの指針である。**

③住民等も含めたまちづくりの指針

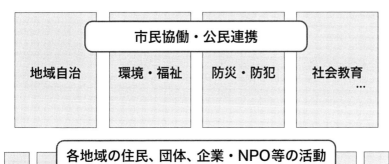

※著者作成

4 総合計画策定の手順 （よくある Q&A）

✅ **よくある Question**

① 総合計画の手順は？

② 適切な計画期間は？

③ 組織や人事、財政とリンクしていない。

④ 数値目標は載せるべきか？

⑤ 各主体（公共私）の役割分担や責務を載せるべきか？

⑥ 地域ごとの計画を策定するべきか？

⑦ 総合計画と行政評価がリンクしていない。

⑧ 国から新たな計画は必要最小限にし、統合や共同策定が求められている。

⑨ これまで、コンサルに委託して策定してきた。

⑩ 付随して審議会や委員数も見直した方がよいか？

ポイント 総合計画は策定することが目的ではない。策定に至るまでの既存の制度や事務事業の見直しと改善、つまり行政経営改革こそが重要である。

よくある Question に対する Answer

① 総合計画の手順は行革の手順に比例する。

② 5年〜10年の設定が多いが、社会の変化が激しい現代においては、不断の見直しが不可欠。

③ 様式の一体化から合同査定など組織、人事、予算にリンクさせる仕組みを構築すべき。

④ 絶対ではないが、たいていの施策は数値で表せる。少なくとも、その施策が何をもって成果とするかは当然明らかにしておくべき。

⑤ 記載することが望ましいが、記載しなくても当然検討すべき。

⑥ 地域内分権とは別の意味で、地域格差が出てきているため、必要になってきているように考える。

⑦ 総合計画の進捗状況を評価するのが行政評価であるから、当然リンクしなければならない。

⑧ 地方自治体内でも新たな行政計画ならびに既存の行政計画の統廃合等の見直しをするべき。

⑨ コンサル丸投げのような計画は見直すべき。何を自前で行い、何を支援してもらうのか、少なくともその設計は自治体が行うべき。

⑩ 付随する審議会や委員会もなるべく統廃合し、かつ委員数も充て職はやめ、本当に審議が出来る人選を行い、少数精鋭にすべき。

5 行政評価の沿革と法的根拠

✓ NPMの流れの中で国に先がけて、地方自治体から
行政評価制度が導入された。その後、国において
「政策評価法」が制定された。
しかし、「政策評価法」は国の機関が対象であり、
地方自治体の行政評価を規定した法律はない。

✓ 法律で義務付けられていないので行政評価を実施
していない自治体もある。

✓ その結果、各自治体で行政評価の手法はバラバラ
であり、指標も統一されていない。
比例して、個々の自治体内の政策は評価出来ても
自治体間比較は出来ないという課題もある。

国に先駆けて、地方自治体から始まった行政評価であるが、いわゆる「政策評価法」は、国の機関が対象であり、地方自治体の行政評価を規定する法律はない。

我が国の行政評価の沿革

1996年	三重県庁において「事務事業評価システム」が導入される。
2002年	国において「行政機関が行う政策の評価に関する法律」（政策評価法）施行される。

参考文献・関係法令

「行政機関が行う政策の評価に関する法律」（政策評価法）（平成13年法律第86号）

6 行政評価とは何か

✔ 総合計画の進捗状況をチェックするのが行政評価であるから、行政評価を実施していない、あるいは総合計画と行政評価の主管部署が違うという理由で、バラバラに行われ、リンクしていない自治体はそもそもおかしい。

✔ 行政評価の種類には、上記のほか、事前評価・事後評価、内部評価・外部評価、定量評価・定性評価などがある。

✔ 地方自治体においては、事務事業評価、事後評価が多い。内部評価は必須だが、外部評価も実施することが望ましい。

✔ 定量評価が望ましいが、定性評価も含めて、何らかの評価を実施することが肝要である。

ポイント 行政評価とは総合計画に代表される政策の進捗状況を評価するものである。総合計画の体系に比例して、大きな単位から「政策評価」「施策評価」「事務事業評価」に分けられる。その総称が「行政評価」である。

総合計画と行政評価の関係

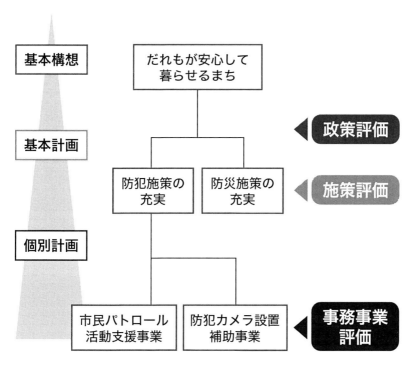

※著者作成

7 行政評価指標とは何か

- ✔ インプット指標（投入指標）とは、当該政策（施策・事務事業）を実施するために投入した量 ・・・ 予算額、事業費、従事した人員数、総労働時間等である。

- ✔ アウトプット指標（活動指標）とは、行政資源を投入して実施した行政活動の量 ・・・ 例えば、防犯対策事業であれば、補助金によって設置した防犯カメラの数などである。

- ✔ アウトカム指標（成果指標）とは、行政活動の結果、実現した成果の量 ・・・ 例えば、防犯対策事業であれば、防犯カメラ設置によって、犯人を検挙できた数や刑法犯認知件数の減少などである。

行政評価指標には、インプット指標（投入指標）→アウトプット指標（活動指標）→アウトカム指標（成果指標）がある。

行政評価指標の種類と関係

インプット指標
（投入指標）

アウトプット指標
（活動指標）

アウトカム指標
（成果指標）

行政活動を実施するために投入した量…予算額、事業費、従事した人員数、総労働時間等

行政資源を投入して実施した行政活動の量…補助金によって設置した防犯カメラの数

行政活動の結果、実現した成果の量…防犯カメラ設置によって、犯人を検挙できた数や刑法犯認知件数の減少

※著者作成

8 行政評価指標設定の考え方①

よくある誤った例

✔ アウトプットとアウトカムの混同

✔ 積算根拠が不明

　　①分母（対象数）が明確でない

　　②目標（到達点）が明確でない

　　③国や県の基準、他自治体と比較して適切なのか

✔ 単位が適切でない

ポイント

行政評価指標を設定している自治体も職員間で指標設定の考え方が統一・共有されておらず、意味のないものになっている例が多く見受けられる。

---

1. アウトプットとアウトカムの混同

例）ある課題の解決がアウトカム、そのために会議を何回開催したかはアウトプット。何回会議したかが目標（成果指標）ではなく、その課題がどのくらい解決されたかが目標（成果指標）である。

2. 積算根拠が不明

①分母（対象数）が明確でない

例）500人参加を目標（指標）とする←対象数が1000人であれば5割達成が目標と分かるが、ただ500人としても意味が不明。

②目標（到達点）が明確でない

例）〇〇の整備10k㎡←全体で100k㎡整備する予定なので、今年度はそのうちの10％を整備するという目標（指標）であれば意味が分かる。

③国や県の基準、他自治体と比較して適切なのか

例）〇〇市は〇〇％を目指します←その水準の根拠は？国や県の基準や類似団体等と比較して適切か確認が必要。

3. 単位が適切でない

例）回数で表すのが適切なのか、参加者数で表すのが適切なのか、あるいは率（割合）で表すのが適切なのか、進捗度（達成度）で表すことが適切な場合もある。
…その事業の内容を一番表現できる単位を使うべき。

例）1回の点検も30か所の点検、1回の講座も50人参加というように表すと仕事量が伝わるし、全く印象が変わる。

8 行政評価指標設定の考え方②

✔ **よくある Question**

① ルーティンワークでも評価指標設定が必要か？

② 良い数値を設定できないがよいか？

③ 目標値（成果指標）を設定するにあたり将来を予測することが難しいがどうしたらよいか？

④ エビデンスに基づく政策とは何か？

ポイント

> 評価指標の設定が目的ではない。効率・効果的でないものは方法を変えないといけないし、歴史的使命を終えたものや費用対効果が低いものはスクラップしなければいけない。

よくある Question に対する Answer

① 当然、必要。ルーティンワークであっても、どのくらいの業務量があるのか、それが効率的に行われているか等を分かるようにする必要があるため。

② 評価指標は良く見せるためのものではない。現状を知ってもらうために、真実を明らかにする意味がある。
例) 団体数（会員数）の減少、限られた予算の範囲内で行う公共工事など。

③ 一足飛びに将来を予測することは困難。まずは、何をもって、その政策を測るかという指標を決定し、その足元のトレンドを見ることがポイント。

④ エビデンスに基づく政策立案の意味とエビデンスに基づく評価検証という2つの意味がある。
（アンケート調査や産業連関表による経済波及効果分析など）

Chapter 4

政策立案の考え方と
事務事業見直し

滋賀大学　横山幸司

1 政策とは何か

✔ 地域には、現状として「解決すべき課題」がある。それらは当然ながら放置しておいてよい問題ではなく、課題を解決した先の「目指すべき姿（地域）」がある。

✔ その「地域の現状と課題」と「目指すべき姿（地域）」の間には、様々な障壁、ハードル、ネック、問題があり、それらを、少しでも取り除いて、その間のギャップを埋めていくこと。その方策こそが、「政策」である。

✔ 例えば、交通事故が多い地域があるとする。これが地域の課題である。この場合、目指すべき姿は交通事故がゼロの地域である。
そのために講じる、ガードレールの設置や、道路改良、速度違反自動取締装置の設置などが具体的な政策（施策・事務事業）である。

ポイント 「政策」とは、一言で言うならば、地域の公共的課題を解決するための処方箋である。

「政策」の概念図

| 地域の現状と課題 |
| 目指すべき地域社会 |

「地域の現状と課題」と
「目指すべき社会」
の間には、**様々な障壁、**
ハードル、ネック、
すなわち問題がある。

それを、少しでも取り除い
て、その間の
ギャップを埋めていくこと。
その方策こそが、**「政策」**

※著者作成

2 政策の要素

✔ **パーパス（Purpose）**
「何のために、この施策を行うのか？」「何を解決したいのか？」「目指すべき社会は何か？」といった視点。

✔ **ゴール（Goal）**
「目標地点はどこか？」「いつまでに達成するのか？」「どこまで行けば成功と言えるのか？」といった視点。「行政評価」のうちの「アウトカム指標」に相当。

✔ **マーケット（Market）**
「地域の課題（ニーズ）は何か？」「何に困っているのか？」「それは公共として取り組むべき課題か？」といった視点。

✔ **ターゲット（Target）**
「誰のために取り組むのか？」「どこの層を対象にするのか？」「特定の人、地域や団体の利益になっていないか？」といった視点。「行政評価指標」を設定する際の「分母」に相当。

✔ **ハウ（How）**
「どうやって課題を解決するのか？」「具体的な施策・事業は何か？」「その方法は適切か？」といった視点。「行政評価」でいう「アウトプット指標」に相当。

✔ **ポジション（Position）**
「行政（住民、企業）はどんな役割を担うのか？」「行政（住民、企業）はどの領域を担うのか？」といった視点。

✔ **リテラシー（Literacy）**
「その施策を行っていくだけのリテラシーはあるのか？」「その施策を行っていくだけの環境は整っているか？」「研修は十分か？」「民間活力導入は十分か？」といった視点。

ポイント

政策の要素には大きく7つの要素がある。これらは政策立案の視点であると同時に見直しの視点でもある。

政策の要素

パーパス (Purpose)	・何のために、この施策を行うのか？ ・何を解決したいのか？・目指すべき社会は何か？
ゴール (Goal)	・目標地点はどこか？・いつまでに達成するのか？ ・どこまで行けば成功といえるのか？
マーケット (Market)	・地域の課題（ニーズ）は何か？・何に困っているのか？ ・それは公共として取り組むべき課題か？
ターゲット (Target)	・誰のために取り組むのか？・どこの層を対象にするのか？ ・特定の人、地域や団体の利益になっていないか？
ハウ (How)	・どうやって課題を解決するのか？ ・具体的な施策・事業は何か？・その方法は適切か？
ポジション (Position)	・行政（住民、企業）はどんな役割になるのか？ ・行政（住民、企業）はどの領域を担うのか？
リテラシー (Literacy)	・その施策を行っていくだけのリテラシーはあるのか？ ・その施策を行っていくだけの環境は整っているか？ ・研修は十分か？・民間活力導入は十分か？

※著者作成

3 財務の要素

✔️ 「その施策にそれだけの予算を投入する価値があるのか?」「それだけの予算を投入して、効果が上がっているのか?」等の視点を持つことが重要。

✔️ ハード・ソフト両面から検討する必要がある。例えば、社会教育政策の有効性を考えるとき、公民館等ハードを管理運営していくコストと、そこで行われる講座等事業のソフトのコスト、両方を見ないと、正しく社会教育政策の費用対効果を検討することはできない。

✔️ 限られた予算を、優先度等あらゆる見地から検討して施策・事務事業のスクラップ＆ビルド、予算の適正配分等を行っていかなくてはならない。

✔️ 財政計画は、単なる予算のシミュレーションではない。予測したうえで、望ましい方向に計画するのが財政計画である。

✔️ 一足飛びに将来を予測することは困難なため、まずは、何をもって、その施策を測るかという指標を決定し、その足元のトレンドを見ることがポイント。

ポイント 政策には予算が伴う。全ての政策は費用対効果を考えて立案しなくてはならない。総合計画に代表される政策の財政的な裏付けが財政計画である。

財政計画

(単位：百万円)

区　　　　　　分	平成27年度実績値	平成28年度実績値	平成29年度実績値	平成30年度実績値	令和1年度実績値	令和2年度実績値	令和3年度実績値	令和4年度実績値	令和5年度実績値	令和6年度実績値	令和7年度実績値
町　　　　　税	…	…	…	…	…	…	…	…	…	…	…
分担金及び負担金	…	…	…	…	…	…	…	…	…	…	…
使用料及び手数料	…	…	…	…	…	…	…	…	…	…	…
寄　　附　　金	…	…	…	…	…	…	…	…	…	…	…
繰　　入　　金	…	…	…	…	…	…	…	…	…	…	…
繰　　越　　金	…	…	…	…	…	…	…	…	…	…	…
諸　収　入　等	…	…	…	…	…	…	…	…	…	…	…
自　主　財　源　計	…	…	…	…	…	…	…	…	…	…	…
地方譲与税・県税交付金等	…	…	…	…	…	…	…	…	…	…	…
地　方　交　付　税	…	…	…	…	…	…	…	…	…	…	…
国　庫　支　出　金	…	…	…	…	…	…	…	…	…	…	…
県　　支　　出　　金	…	…	…	…	…	…	…	…	…	…	…
公　　　　　債	…	…	…	…	…	…	…	…	…	…	…
依　存　財　源　計	…	…	…	…	…	…	…	…	…	…	…
歳　入　計　（A）	…	…	…	…	…	…	…	…	…	…	…
人　　件　　費	…	…	…	…	…	…	…	…	…	…	…
扶　　助　　費	…	…	…	…	…	…	…	…	…	…	…
公　　債　　費	…	…	…	…	…	…	…	…	…	…	…
義　務　的　経　費　計	…	…	…	…	…	…	…	…	…	…	…
物　　件　　費	…	…	…	…	…	…	…	…	…	…	…
補　助　費　等	…	…	…	…	…	…	…	…	…	…	…
積　　立　　金	…	…	…	…	…	…	…	…	…	…	…
繰　　出　　金	…	…	…	…	…	…	…	…	…	…	…
維　持　補　修　費	…	…	…	…	…	…	…	…	…	…	…
そ　の　他　経　費　計	…	…	…	…	…	…	…	…	…	…	…
普　通　建　設　事　業　費	…	…	…	…	…	…	…	…	…	…	…
投　資　的　経　費　計	…	…	…	…	…	…	…	…	…	…	…
歳　　出　　計　（B）	…	…	…	…	…	…	…	…	…	…	…
歳入歳出差引(A)-(B)	…	…	…	…	…	…	…	…	…	…	…

基金残高	区分	平成27年度実績値	平成28年度実績値	平成29年度実績値	平成30年度実績値	令和1年度実績値	令和2年度実績値	令和3年度実績値	令和4年度実績値	令和5年度実績値	令和6年度実績値	令和7年度実績値
	財　政　調　整　基　金	…	…	…	…	…	…	…	…	…	…	…
	公　共　施　設　整　備　基　金	…	…	…	…	…	…	…	…	…	…	…
	電源関係の交付金基金	…	…	…	…	…	…	…	…	…	…	…
	ふるさと応援寄附金基金	…	…	…	…	…	…	…	…	…	…	…
	その他特定目的基金	…	…	…	…	…	…	…	…	…	…	…
	基金残高計	…	…	…	…	…	…	…	…	…	…	…

4 政策決定のプロセスの明確化

- ✔ 政策の発案は、通常、「執行部提案」「議員提案」「住民・団体からの要望」から発案される。それぞれで発案された政策は、「審議会」等を通じて具体化され、「住民説明」や「パブリックコメント」等を経て、首長をトップとする執行部内で「意思決定」される。さらに、議会に「議案」として諮られ、「議会の議決」によって、正式に決定される。

- ✔ たいていの住民が不満を抱くケースは、誰がどこで、どういう理由で、どの地域（団体）に予算が付くことを決定したのかが不透明というケースである。声の大きい地域（団体）の要望だけを首長や議会議員が聞き入れて、合理的な根拠もなく、審議の透明性もなく、公金の支出が決定されるようなケースである。

- ✔ たいていの不祥事は、政策決定のプロセスが不透明なことから起きる。
  どうしてその政策の決定に至ったか、合理的な政策立案の根拠と意思決定の手続きを明確にすることが重要。例えば、複数の要望があった場合に、その優先度を合理的な根拠のもとに明らかにすることが重要。

- ✔ 政策決定のプロセスを明確化することは職員の身を守ることでもある。

ポイント 政策はその決定プロセスが明確でなければならない。たいていの不祥事はその不明確さによって起こる。政策の優先度等に対する説明責任の観点からもプロセスが重要である。

政策決定のプロセス

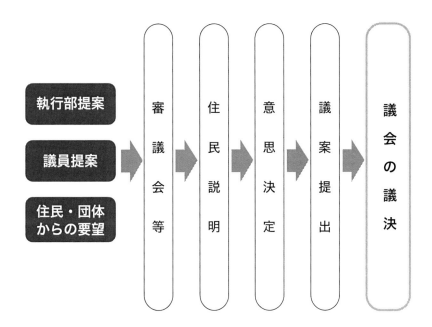

執行部提案

議員提案

住民・団体からの要望

審議会等

住民説明

意思決定

議案提出

議会の議決

5 事務事業見直しの体制と様式

✔ 事務事業の見直しは非公開で行う。非公開と言っても、議論の内容や判定結果、理由等は後日公開する。職員を委縮させない建設的な議論をするためである。

✔ 評価者については、地方自治、法律、会計、労務などの専門家を人選する。分野ごとに福祉は福祉の専門家を入れるなど、アレンジは可。中立公平な立場、専門的な見地から、科学的・客観的に判断するためである。

✔ また、行革担当課のみならず、財政や人事担当課職員も立ち会い、財政や人事に反映させる体制が望ましい。

✔ 事務事業見直しシートは、総合計画の評価シート、予算要求シート、決算審査用の「主要な施策の成果報告書」を兼ねるなど要点を押さえたシンプルなものにし、職員の負担感を軽減することが肝要である。

✔ 事業の目的、概要、始期終期、事業費の積算根拠、従事職員数、活動指標・成果指標などは必須項目である。

ポイント

事務事業見直しは、外部の専門家による評価者により、行革担当課などが立ち会いのもと、原課と三者で建設的な議論をすることが肝要。様式は要点を押さえたシンプルなものにする。他の既存の様式と兼ねることも可である。

事務事業見直しのシート例

No.		事業名	
所属		事業開始年度	
事業内容			
目的			
根拠法令等			
総合計画			
関連事業			

【実施状況】

活動実績	令和3年度	
	令和2年度	
	令和元年度	
改善取組（これまでの改善内容）		

【事業費】

	No.	区分	令和元年度	令和2年度	令和3年度
年間事業費等の推移	①	事業費（決算額） （千円）			
		補助金			
	事業費内訳				
	②	人件費（従事職員数×6,300千円 令和3年度からは6,600千円）			
		従事職員数 （人）			
	③	総事業費 （①+②） （千円）			
財源内訳		一般財源 （千円）			
		特定財源（ など）（千円）			
		財源合計 （千円）			

【活動指標】

	令和3年度（実績）	令和4年度（目標）	令和5年度（目標）

【成果指標】

	令和3年度（実績）	令和4年度（目標）	令和5年度（目標）

【課題】

課題	活動実績・事業成果等を踏まえて記入

【論点】

外部評価での論点	

Chapter 5

地方公会計による
財務分析
（一般会計・公営企業会計）

株式会社カウンティコンサルティング　廣瀬浩志

1 地方公会計とは何か

✅ 公会計とは「会計」であり、経済的取引事象を貨幣価値によって記録・集計・計算・報告する行為をいう。

✅ ステークホルダー（利害関係者）への状況報告のほか、内部管理のために有用である。

✅ 電気代1,000円を現金で支払った場合、金銭出納帳に「電気代1,000円」と記帳するのが"単式簿記"で、これに加えて電気料という帳面を作成し、「現金支払1,000円」と記帳するのが"複式簿記"である。

✅ データ分析の観点から複式簿記が優れていることは明らかである。

会計は取引の集計結果であり、財務書類は複式簿記により作成される。

会計の定義と種類

会計 accounting

金銭収支、財産の売買などの経済的取引事象を貨幣価値によって記録・集計・計算・報告する行為をいう。

種類 type

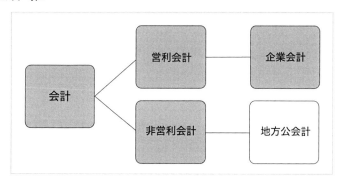

2 地方公会計の財務書類とポイント①

✔ 貸借対照表はその団体の財政状態を表し、資産の老朽化や資産・負債のバランス、不良債権（延滞債権）の多寡などを確認することが出来る。

✔ 地方公共団体が保有する総資産のうち約90％は固定資産であるため、この評価原資である固定資産台帳の完成度が貸借対照表に与える影響は大きい。

✔ 行政コスト計算書は年間コストを性質別（人件費、物件費など）に集計したもので、年間コストの総額把握やバランスをみることが出来る。

✔ 性質別要素に加え、目的別要素（例えば観光費、道路維持費、学校給食費など）を加味した分析を行うことが今後の活用においては必要である。

ポイント

固定資産の評価が貸借対照表に与える影響は大きいため、固定資産台帳の精緻化が求められる。

貸借対照表

貸借対照表 Balance Sheet

貸借対照表		億円	
資産		**負債**	
事業用資産	800	地方債	600
インフラ資産	700	退職引当金	90
物品	50	その他	10
出資金	20	負債合計	700
基金	200	純資産	1,100
延滞債権	10		
現金	20		
資産合計	**1,800**	**負債・純資産合計**	**1,800**

資産の老朽化は進んでいるか

基金の残高は十分か

不良債権（延滞債権）はどれくらいあるのか

将来世代への負担（負債）はどれくらいあるのか

実質的な純資産は十分か

損益計算書

行政コスト計算書 Profit and loss statement

行政コスト計算書	億円
人件費	80
物件費	190
その他業務費用	10
移転費用	160
使用料・手数料収入	△30
純経常行政コスト	410
臨時損失	4
臨時利益	3
純行政コスト	409

年間コストの把握

性質別行政コストのバランス

コストに対に対する使用料・手数料収入割合

さらに目的別（観光費、道路維持費、学校給食費、教育総務費など）に分析することが必要

2 地方公会計の財務書類とポイント②

✓ 純資産変動計算書は貸借対照表の資産と負債の差額である余裕部分の増減を表し、儲かっているか（行政コストが財源で賄われているか）どうかを判断することができる。

✓ 現金収支だけでなく、減価償却費などの非資金コストを含めて財源で賄うことが経営を持続可能にする。

✓ 資金収支計算書は現金収支を3つの区分（業務活動、投資活動、財務活動）で表し、何にお金を使ったのか、その種類を確認することができる。

✓ 理想型は、業務活動プラス、投資活動マイナス、財務活動マイナスとなり、かつ本年度の資金収支がプラスの状態であり、通常の業務で資金を生み出し、公共投資に使用し、地方債の償還を進めてもなお余剰資金が残る、ということを意味する。

減価償却費を含めた行政コストが財源で賄われていることが絶対条件である。

純資産変動計算書

純資産変動計算書　Net worth statement

純資産変動計算書	億円
前年度末残高	1,160
純行政コスト	△409
財源（税収、国庫支出金など）	349
本年度差額	△60
本年度末残高	1,100

いくら儲かっているのか（行政コストが財源で賄われているか）

現金収支だけでなく減価償却費など現金の支出がない経費も含めて財源で賄わなければならない

資金収支計算書

資金収支計算書　Cash flow statement

資金収支計算書	億円
業務活動収支 （人件費など通常の行政活動の収支）	14
投資活動収支 （公共工事、基金の積立て・取崩しなど）	△12
財務活動収支 （地方債の発行・償還）	△4
本年度資金収支額	△2
前年度末資金残高	22
当年度末資金残高	20

何にお金を使ったのか

理想型
業務活動収支　＋
投資活動収支　△
財務活動収支　△

3 作成単位とその効果

☑ 一般会計等では団体の中核的な傾向を把握する。

☑ 全体会計では一般会計等の範囲に特別会計を加え、団体の全体的な傾向を把握する。

☑ 連結会計では全体会計の範囲に一部事務組合、広域連合、第3セクター等を加え、団体グループとしての傾向を把握する。

ポイント 財務書類の作成により、ある程度の現状把握が可能となったが、あくまで「身体測定」レベルであり、「健康診断」ではないことに留意が必要である。

作成単位

作成単位 Aggregation unit

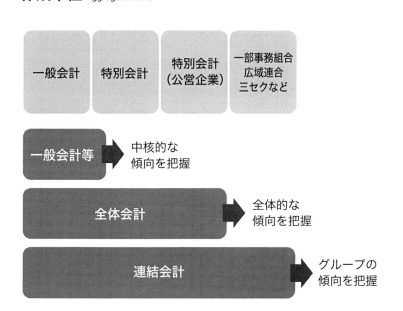

4 地方公会計の歴史的背景と必要性

✔ 地方公会計の歴史は比較的浅く、平成18年5月に「新地方公会計制度研究会報告書」が発表されたのが、大きな流れを作った。

✔ 当初は「総務省方式改訂モデル」「基準モデル」「東京都モデル」「大阪府モデル」などといった、モデルの乱立化が生じたため、平成27年1月に「統一的な基準による」地方公会計マニュアルが発表され、現在に至っている。

✔ 夕張市が行った赤字の隠ぺい・粉飾工作等の発覚が遅れたのは、これまでの会計制度の不備も大きな一因である。

ポイント 地方公会計の必要性は、その団体の健康診断書を作成することである。財政破綻しないために（生命を繋ぐために）、的確な経営判断を行うために（効果的な治療を行うために）。

歴史的背景と必要性

必要性 necessity

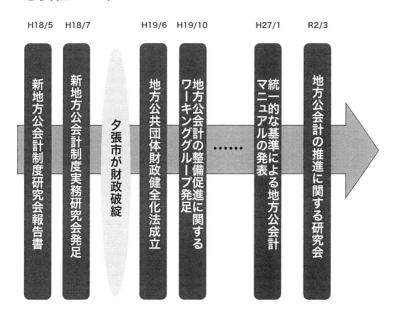

| H18/5 | H18/7 | | H19/6 | H19/10 | | H27/1 | R2/3 |

- 新地方公会計制度研究会報告書
- 新地方公会計制度実務研究会発足
- 夕張市が財政破綻
- 地方公共団体財政健全化法成立
- 地方公会計の整備促進に関するワーキンググループ発足
- 統一的な基準による地方公会計マニュアルの発表
- 地方公会計の推進に関する研究会

5 主な財務分析について①

✓ 減価償却とは、企業会計原則における費用配分の原則によって示されており、資産の取得原価を耐用年数に応じて各年度に費用として配分することである。

✓ 資産形成に投下した資本を、投下事業年度のみに費用を計上するのではなく、資産が使える期間に亘って費用配分することにより毎年度のコスト計算が適正になる。

✓ 減価償却費は現金支出を伴わないコストであるため資金余剰となるが、これを「自己金融効果」といい、その字の通り自己で資金を生み出す、ということである。

✓ 本来は減価償却費相当額を毎年基金に積み立てておけば資産更新に伴う資金不足は発生しないが、金額が巨額になるため現実的には不可能となる。
しかし、たとえ1％でも、あるいは重要資産分だけでも積み立てておくという方向性を示すことは必要であり、現実に積み立てを条例化している自治体は多数存在する。

自治体経営においては、「減価償却」を理解し、利活用することが重要である。

減価償却について

減価償却について Depreciation

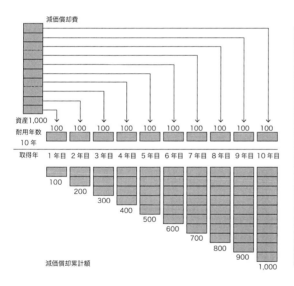

減価償却費は、現金の支出のないコストである。
→資金が余剰となる。

毎年減価償却費分の基金積み立てをすれば、10年後に建替え資金が準備できる。

5 主な財務分析について②

✔ 「この数値が高いほど住民サービスが手厚いことを意味し、よりよいまちづくりのため数値向上を目指しましょう!」という考え方は、時代錯誤であり、すでに過去の遺物である。

✔ 人口減少が顕著で高齢化社会による社会福祉費の増大がますます進行するこれからの時代、保有資産をコンパクトにし、資産に係る維持管理費用を抑えながら限られた財源を賢く使うことが必須である。

✔ この指標は主に保有資産の適正規模を判断する指標であるが、分子の固定資産額の数値は「簿価」ではなく「取得価格」で判断する必要があり、もし「簿価」にすると老朽化による原因と混同することになり、適切な判断ができなくなるため留意が必要である。

固定資産に係る「ライフサイクルコスト」が自治体経営に与えるインパクトは大きい

ポイント

住民一人当たり固定資産額

財務分析 （一般会計等）Financial analysis　身体測定から健康診断へ

<table>
<tr><td>

住民一人あたり固定資産額

固定資産額
人口

・小規模自治体ほど大きくなる傾向がある。
・大きいほどよいものではない。

</td><td>

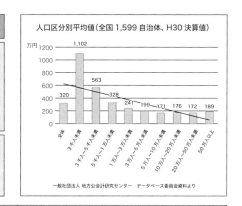

人口区分別平均値（全国 1,599 自治体、H30 決算値）

一般社団法人 地方公会計研究センター　データベース委員会資料より

</td></tr>
</table>

★適正規模を判断する場合は、固定資産額を取得価額とする。
　（簿価で算出した場合、老朽化による要因との混同に注意すること。）
★将来の更新や維持管理費用を考慮すること。

5 主な財務分析について③

- ✔ 基金はいわば積立金であり、これが多いに越したことはない。

- ✔ 特に資産更新に必要な基金が積み立てられているかが注目点であり、できるだけ地方債発行に頼らない資産更新を実現するためには毎年コツコツと減価償却費の何％かを「公共施設整備基金」などの名称で積み立てる努力が必要である。

- ✔ 重要な類似指標として、「資産更新資金準備率」（資産更新準備基金残高／減価償却累計額）がある。

ポイント

「減価償却」が持つ自己金融効果を有効活用するべきである。

住民一人当たり基金残高

財務分析 （一般会計等） Financial analysis

住民一人あたり基金残高

$$\frac{基金残高}{人口}$$

・小規模自治体ほど大きくなる
　傾向がある。
・資産更新必要額の準備

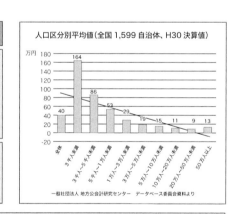

人口区分別平均値（全国 1,599 自治体、H30 決算値）

一般社団法人 地方公会計研究センター　データベース委員会資料より

★重要な類似指標として、「資産更新資金基準率」（更新準備基金残高／減価償却累計額）がある。

5 主な財務分析について④

✅ 負債には、地方債・退職手当引当金・賞与引当金・未払金などがあるが、なかでも地方債は金額も大きく償還年数も長いため最も留意が必要である。

✅ 地方債の返済期間は長いもので50年になり、借入による資金は現役世代が手に入れるが、その返済による資金の支払いは将来世代が負担することになる。現役世代の都合により将来世代の歳出が制限されることは出来るだけ避けなければならない。

✅ 地方債の発行は必要だが、その返済額が大きくなると、予算の硬直化を招き、借金返済のために新たな借金を行うという、いわば自転車操業になる可能性を秘めている。

✅ 世の中には難解な理屈をもって借金大肯定とする人がいるが、難しい理屈ではなく、一般家庭の資金繰りと同じで借金の積み重ねはやがて家庭崩壊を招くことになり、この原理原則は市町村、都道府県、国家にも通じるので、将来世代への負担先送りは極力避けることが重要である。

✅ この指標は、住民一人当たりの資産額と併せて行うことが重要であり、臨時財政対策債の存在についての扱いについても考慮が必要となる。

ポイント 単なる借金の先送りではなく、その返済原資についての計画と責任が重要である。

住民一人当たり負債額

財務分析 （一般会計等） Financial analysis

住民一人あたり負債額

$$\frac{負債合計}{人口}$$

・小規模自治体ほど大きくなる
　傾向がある。
・将来世代への先送り負担である。

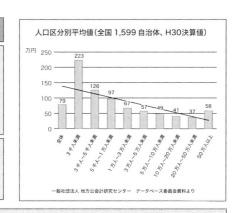

人口区分別平均値（全国 1,599 自治体、H30 決算値）

一般社団法人 地方公会計研究センター　データベース委員会資料より

★負債のみで判断するのではなく、資産総額との対比や臨財債の存在にも
　注意が必要。

5 主な財務分析について⑤

✓ この比率が高いほど経営安全率が高いと言われており、返済が必要な地方債が少ないほどこの比率は高くなる。

✓ 単に高率であってもその原因の検証が必要であり、例えば分母の資産合計額が小さくなっていることが原因で高率になっている場合は、資産の簿価が小さく、老朽化が進んでおり建替えなどの更新が進んでいない可能性が考えられ、近い将来に巨額の資産更新が控えていることから、決して安全性が高いとは言い切れない。

✓ 地方公共団体の資産には、道路・橋梁・河川などの市場売却に馴染まないインフラ資産が含まれており、実質的には換金性がなく、「金にならないもの」を資産から除いた「実質純資産比率」で経営安全性を判断する必要がある。

✓ 水道事業や下水道事業などの公営企業会計（特別会計）を合わせた「全体会計」で実質純資産比率は下がり、マイナス（いわゆる債務超過）に陥る団体も多数存在する。

✓ 債務超過のインパクトは大きく、公営企業の財務体質が露見し、一般会計よりも公営企業の経営改善が優先、重要課題であることは明白である。

ポイント 換金性がないインフラ資産を除いた「実質純資産」では債務超過となる団体も存在する。

純資産比率

財務分析 (一般会計等) Financial analysis

純資産比率
$\dfrac{\text{純資産額}}{\text{資産合計額}}$

・純資産のうち返済義務のない割合
・この比率が高いほど財政状態が健全といえる。

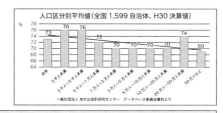

人口区分別平均値(全国 1,599 自治体、H30 決算値)

一般社団法人 地方公会計研究センター　データベース委員会資料より

★換金性のないインフラ資産を除いた「実質純資産比率」で判断する必要がある。
★全体会計で「実質純資産比率」を算定した場合、公営企業の財務体質が問題となる。

実質純資産比率

財務分析 (一般会計等) Financial analysis

実質純資産比率

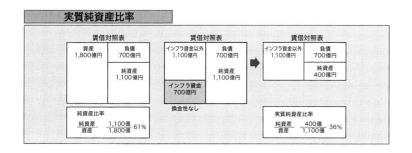

5 主な財務分析について⑥

- ✔ いわゆる老朽化比率のことであり、土地や非償却資産以外については、購入（建築）直後から価値が減少していき、これがどれだけ進んでいるのかを表す比率である。

- ✔ 平成30年度決算の数値での全国平均値は約60％で、毎年2〜5％ずつ老朽化が進行していく。60％はあくまで平均値であり、庁舎、道路、学校施設、橋梁など、それぞれの種類ごとに、かつ個々の資産ごとに比率を管理し資産更新の優先順位を決定する必要がある。

- ✔ 最近では、公会計支援業務を安値で受託し固定資産台帳の整備で手を抜く業者が出現しており、これによって資産更新の判断が正確に行えなくなり、間接的に住民の生命を危険に晒していることを厳に警告したい。

- ✔ 自治体職員は公会計支援業者の善し悪しを見抜くことはできないため、庁内独自の資産整備基準を策定し、支援業者のレベルの相違による固定資産台帳整備の不均衡を防ぎ、数年に一度は固定資産台帳の見直しを行うことが必要である。

ポイント 施設の統廃合は住民合意に時間を要するため早期の老朽化対策が必要である。

有形固定資産減価償却率

財務分析（一般会計等）Financial analysis

有形固定資産減価償却率

$$\frac{減価償却累計額}{償却資産取得価額}$$

・いわゆる「老朽化比率」
・全国平均は60%
（3年度前の数値）

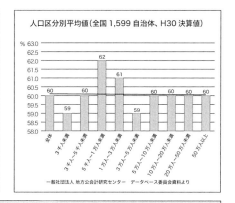

人口区分別平均値（全国1,599自治体、H30決算値）

一般社団法人 地方公会計研究センター データベース委員会資料より

★全体平均で6割を超えており、耐用年数超過資産が存在することを意味する。
★老朽化が進むことが問題なのではなく、建て替え資金がないことが問題である。
★個々の資産ごとの分析を行い、更新優先順位を決定し計画的な管理計画を遂行する。

5 主な財務分析について⑦

✔ 行政活動にどれだけのコストがかかっているのか、低いに越したことはないが、他団体と比較することも有用であり、各団体にはそれぞれ異なる事情があるため行政コストの種類や発生金額にも差異が生じるのは当然のことだが、そのことを理解して他団体比較を行うと、実際に考えていた想像よりも実数をみて驚いたり、他に原因が見つかったり、今まで意識しなかった事実が発見されたりするものである。

✔ 減価償却費などの現金支出を伴わない発生主義による行政コストを含めることが重要で、地方公会計制度が導入された現在も、現金支出に対する財源充当により予算収支の均衡としているが、減価償却費を含めた行政コストに対する財源充当により余剰（純資産変動計算書の本年度差額）を生み出すことが、資産更新基金の積み立てに繋がり、発生主義導入の意味を持つことになる。

総数把握も必要であるが、性質別（人件費、物件費など）による分析が有効である。

住民一人当たり純経常行政コスト

財務分析 （一般会計等） Financial analysis

住民一人あたり純経常行政コスト

$$\frac{純経常行政コスト}{人口}$$

・災害等の臨時損益は除く

・小規模自治体ほど大きくなる
　傾向がある。

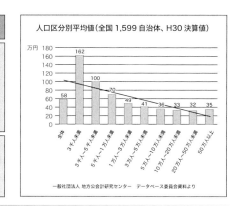

人口区分別平均値（全国 1,599 自治体、H30 決算値）

一般社団法人 地方公会計研究センター　データベース委員会資料より

★原価償却費など、現金の支出を伴わない費用を含む。
★コスト規模に加え、財源で賄えているかが重要である。
★住民一人あたり「人件費」「補助金」「社会保障給付」などの指標も有効である。

5 主な財務分析について⑧

✓ 住民から徴収する手数料・使用料収入が経常行政コストに占める割合を表し、行政活動の自立性を測定する指標である。

✓ 全体としての数値よりも、事業別あるいは施設別に展開することで使用料手数料の見直しが具現化する。

✓ 例えば、A施設にかかるコストを調査し、これに対しての使用料は適正なのか、高いのか安いのか、どの水準で設定していくのか、具体的なデータをエビデンスとした政策決定が重要となる。

指定管理事業の見直しにより、個々の施設ごとに適正額を把握することが必要となる。

受益者負担割合

財務分析（一般会計等）Financial analysis

受益者負担割合
経常収益
——————
経常費用

・受益者の負担水準により行政活動の自立性を測定する指標である。

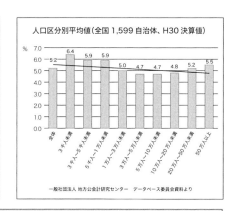

人口区分別平均値（全国 1,599 自治体、H30 決算値）

一般社団法人 地方公会計研究センター　データベース委員会資料より

★事業別、施設別へ展開すると使用料見直しが具現化する。

6 目的別行政コスト計算書

✔ 公会計による財務4表は、その団体のまとまった数値を示しているが、制度上必要で有用なものというものの、財務分析の観点からすると、身体測定レベルのものである。本格的な病気の原因特定とその後の効果的な治療を行うには、詳細な健康診断データが必要となる。

✔ 行政コスト分析は、「行政目的別」かつ「性質別」に行うことにより、「どこの何が」(例えば、「観光費の補助金が多すぎる」など)を把握することが可能となり、さらに次の段階として「事務事業別コスト分析」へと深化することができる。

✔ 今後の事業の見直しには、実際の数値に基づいた根拠をもって行うべきであることは明白である。

ポイント 自治体の精密検査を行うには、目的別行政コスト計算書を発展させることが重要である。

目的別行政コスト計算書

財務分析（一般会計等）Financial analysis

目的別かつ性質別行政コスト分析による詳細な分析手法

科目	款区分	商工費			土木費		消防費			
	項区分	商工費			都市計画費	住宅費	消防費			
	標準目コード	7-1-1	7-1-2	7-1-3	8-5-1	8-6-1	9-1-1	9-1-2	9-1-3	9-1-4
	標準目区分	商工総務費	商工業振興費	観光費	都市計画総務費	住宅管理費	常備消防費	非常備消防費	消防施設費	水防費
経常費用		…	…	…	…	…	…	…	…	…
業務費用		…	…	…	…	…	…	…	…	…
人件費		…	…	…	…	…	…	…	…	…
職員給与費		…	…	…	…	…	…	…	…	…
賞与等引当金繰入額		…	…	…	…	…	…	…	…	…
退職手当引当金繰入額		…	…	…	…	…	…	…	…	…
その他		…	…	…	…	…	…	…	…	…
物件費等		…	…	…	…	…	…	…	…	…
物件費		…	…	…	…	…	…	…	…	…
維持補修費		…	…	…	…	…	…	…	…	…
減価償却費		…	…	…	…	…	…	…	…	…
その他		…	…	…	…	…	…	…	…	…
その他の業務費用		…	…	…	…	…	…	…	…	…
支払利息		…	…	…	…	…	…	…	…	…
徴収不能引当金繰入額		…	…	…	…	…	…	…	…	…
その他		…	…	…	…	…	…	…	…	…
移転費用		…	…	…	…	…	…	…	…	…
補助金等		…	…	…	…	…	…	…	…	…
社会保障給付		…	…	…	…	…	…	…	…	…
他会計への繰出金		…	…	…	…	…	…	…	…	…
その他		…	…	…	…	…	…	…	…	…
経常収益		…	…	…	…	…	…	…	…	…
使用料及び手数料		…	…	…	…	…	…	…	…	…
その他		…	…	…	…	…	…	…	…	…
純経常行政コスト		…	…	…	…	…	…	…	…	…

7 公営企業について

✓ 地方公営企業法の歴史は古く、早くから企業会計的手法を水道事業、病院事業などに導入しており、財務分析の歴史も公会計と比べると古く、早期に着手している。

✓ 財務分析結果が公営企業経営の改善に活用されていない。

✓ 有形固定資産減価償却率は法適用時に減価償却費がリセットされる制度設計になっているため、法適用前の償却率を使用することに注意が必要である。

✓ 一般会計は財源が枯渇しており、赤字補填をいつまでも続ける訳にはいかない。

早くから企業会計的手法を導入してきた経緯があるが、真の経営改善には活用されていないのが現実である。

各種分析指標

公営企業 （法適用） Public cnterprise

「地方公営企業法」により企業会計的手法を早くから導入

1．経営の健全性・効率性

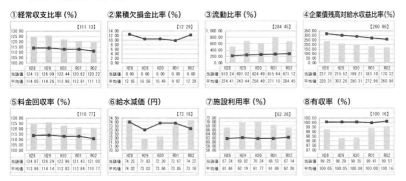

2．老朽化の状況

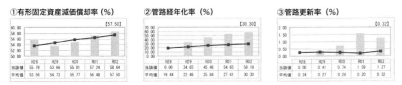

8 特に企業経営のセンスが必要な部署

☑ 公営企業は独立採算制を前提としている以上、そこには持続可能な経営責任が生じる。

☑ 一般会計からの繰入金は基準内繰入金に限り、利益追求を行うと同時に、住民サービスの公平性や公共性を満たすことが求められる。

☑ 現場は公と民の限界点と矛盾を理解する感性を持ち合わせた公民両備の人材が必要とされる難しいセクションである半面、やり甲斐を感じられる部署でもある。

☑ 現場からは様々な悩ましい意見が聞かれるが、この問題点を解決するには会計人の積極的な関与が必要不可欠で、堅固な経営基盤を構築することが現代日本で求められている課題である。

ポイント **公民両備の感性が必要な人材セクションであり、やりがいのある部署でもある。**

現場担当者の声

公営企業 （法適用） Public enterprise

特に企業経営のセンスが必要な部署

現場の声は

- 何を以て料金改定を行うべきなのか
- 民間会計と官庁会計の中間的存在でわかりづらい
- 自由裁量がありそうで実は窮屈な制度
- 消費税計算に専門知識がないので税務調査が不安
- 技術専門者が不在のため事業に主導性がない
- 模範とする財政状態や経営目標がわからない

9 赤字補填の現状

✔ 民間企業においては、子会社が毎年赤字決算を続け、親会社から莫大な寄付金を受け取れば、株主総会で経営者の責任が追及され、金融機関からは融資条件見直しとなり、子会社への寄付金は税務上損金と認められず一定額は税金対象となる。

✔ さらに子会社の大規模なリストラ案が公表され、結果によっては子会社閉鎖、事業譲渡などの結果を招き、これらの一連の判断・決定がスピーディーに行われることになる。

✔ 公営企業改革を行うために次の 7 項目を提案する。
　① 一般会計よりも、最優先順位で改善に取り組むこと
　② 独立採算制度の認識を徹底すること
　③ 黒字に見せかけるだけの基準外繰入金はやめること
　④ 一般会計には余裕がないことを認識すること
　⑤ 原価計算の結果から料金算定を行うこと
　⑥ 行政改革部局、財政部局との改革委員会を設立すること
　⑦ 経営戦略は毎年見直すこと

ポイント

親会社が子会社に対して赤字補填を続けた場合、民間企業では非常に厳しい待遇となる。

独立採算制の原則

公営企業 （法適用） Public enterprise

独立採算制の原則

本来の姿

料金収入		一般会計繰入金 （基準内）

原価・経費	設備投資	利益

赤字補填の現状

料金収入		一般会計繰入金 （基準内）	一般会計繰入金 （基準外）

原価・経費	設備投資	利益

一般会計繰入金	基準内繰入金（地方公営企業法第17条の2） 本来一般会計で負担すべき経費
	基準外繰入金　赤字補填

民間企業の場合

公営企業 （法適用） Public enterprise

民間企業の場合どうなるか

親会社 （一般会計）	→ 赤字補填のため子会社への寄付金 （基準外繰入）	子会社 （公営企業）

税法上損金と認められず、一定額は税金対象となる
株主総会で経営者の責任追及
金融機関からの融資条件見直し対象
子会社の大規模なリストラ案公表、子会社閉鎖、事業譲渡の検討

業務の棚卸しとBPR
（業務改善）

滋賀大学　横山幸司

chapter 6

1 業務の棚卸しとは何か

✔ 「棚卸し」とは、元々、企業経営の言葉であるが、自治体業務に敷衍し、静岡県から始まったとされる。

✔ 「業務の棚卸し」の要諦は、①どのような業務が存在しているか、②どれほどの人材をかけているか、③どれほどの時間をかけているか、④どれほどのコストをかけているか、⑤どのような手順で行っているかといった項目によって、業務を整理することである。

✔ 「業務の棚卸し」はそれ自体が目的ではなく、業務を「見える化」することによって、問題点を明らかにし、その後の改善につなげることが目的である。

参考文献・関係法令

静岡県「業務棚卸表」(2017)
館林市「業務棚卸表」(2019)

ポイント

「業務の棚卸し」は、「財務分析」とならんで行政経営改革のいの一番に行うべき作業である。つまり、どんな業務があって、誰がどのくらいのコストをかけて行っているか等、現状を「見える化」することである。

静岡県の例

業務棚卸表とは
1. 県の仕事について、何をやっているか表にして、「見える化」した上で、
2. その表を使って、仕事を「改善」するためのものです。
静岡県では平成9年度から作成しています。

県の仕事は、いろいろな分野にまたがりとても複雑なため、改善するためには、見やすく整理しなければなりません。
そこで…県庁で行っている仕事を、課ごとに全て書き出しています。
「何の目的のために、何をするのか」という仕事（業務）の内容を、目的別に表に整理（棚卸）して、「見える」ようにしています。

館林市の例

館林市では、各組織（係等）が、業務の目的とその目的を達成するための手段（事務・業務等）との関わりを的確に把握するために、「業務棚卸表」を活用しています。

業務棚卸表を簡単に説明すると、それぞれの組織が「何のために」「何を」「どれだけ・どこまでやる」のかが記入されたもので、係（課）単位で作成されます。業務棚卸表によって、業務の「見える化」が可能となる他、目的に対して手段が適切なのかどうか確認でき、更に、業務をよりよい内容や方向へ「改善」しやすくなります。

2 業務の棚卸しの意義と必要性

✅ 近年2度、「業務の棚卸し」を行う絶好の機会が訪れた。1度目は、2020年度から施行された会計年度任用職員制度導入である。
「業務の棚卸し」を行って、誰がどの仕事をどのくらい行っているのかを把握したうえで、必要な会計年度任用職員を採用する必要があった。

✅ そもそも、「業務の棚卸し」は、会計年度任用職員制度の導入とは関係なく、人事や組織編成のためにも、常に行うべき作業である。

✅ 2度目が現在、国をあげて取り組まれているDXの推進によるものである。「業務の棚卸し」を行うことによって、どの作業に工程が多くかかっているのか、人員が多く割かれているのかが明らかになり、DXを導入するべき部分が明らかになるからである。

✅ 「働き方改革」も、「内部統制」も、職場環境が改善されない限り、抜本的な解決にはつながらない。一番の基本は、「業務の棚卸し」なのである。

「業務の棚卸し」の意義は、現状を「見える化」することにより、組織や業務の問題点が浮き彫りになり、業務の効率化や事務事業の改善の方向性が明らかになることである。最悪の場合、不祥事も発見される。

業務の棚卸しがなければ…

本来、
・総合計画等行政計画も策定できない。
・政策評価もできない。
・組織の編成もできない。
・人事も人事評価もできない。
・会計年度任用職員制度も導入できない。
・DX も導入できない。アウトソーシングもできない。はず

業務の棚卸しを行うことによって…

・今まで見えなかった業務が明らかになる。
・費用対効果が明らかになる。
・不適切なプロセスが明らかになる。
・重複している事業、不要な事業が明らかになる。
・アウトソーシングや RPA 化の必要性が明らかになる
・最悪、不祥事も発見される。　　など

3 業務の棚卸しに必要な調査項目

✔ **基本的な項目は、ほぼ共通している…**

- 施策体系上の位置づけ
- 予算上の位置づけ（一般財源・特定財源）
- 事業費・人件費
- 正職員・非正規職員（会計年度任用職員）の別
- 法的根拠
- 始期・終期
- マニュアルの有無　など

✔ **付加する項目は、当該自治体が何を改善したいかで決まる…**

- 専門性・非専門性
- コア業務・ノンコア業務
- 定型・非定型
- 季節性
- 外部委託の可否
- 残業時間数
- 工程数
- RPA化の可否　など

ポイント 「業務の棚卸し」は、通常、調査票を用いて行われる。人工（にんく）は必須項目であるが、調査項目の追加など、いくらでも応用は可である。肝心なのは、何を改善するために何を調べるかである。

「業務の棚卸し」シートの概念図

【A課の事務事業】

事務事業名／従事者等	課長	補佐	担当	会計年度任用職員	自動化の可否	外部委託の可否	政策の方向性	その他	計
○○イベント事業	○	○		○		○	外部委託		○人/h
○○契約に関する事務	○	○	○				要改善		○人/h
○○入力に関する事務		○	○	○	○		自動化		○人/h
…								…	
計	●●h	●●h	●●h	●●h					

従事時間数、残業時間数、従事状況の偏在が明らかになる

事務事業別の従事者、事業プロセス（決裁ルート）、自動化、外部委託の可能性、政策の方向性等が明らかになる

※著者作成

4 業務改善の類型

☑ 総務省のBPR（Business Process Reengineering）の
定義…

既存の業務プロセスを詳細に分析して課題を把握し、ゼロ
ベースで全体的な解決策を導き出すことにより、国民・事業
者及び職員の双方の負担を軽減するとともに、業務処理の迅
速化・正確性の向上を通じた利便性の向上を図る取組。

☑ ㈱日本能率協会コンサルティングの ECRS
（改善の4原則）…

- 排除（Eliminate）、
- 結合・分離（Combine）、
- 交換（Rearrange）、
- 簡素化（Simplify）

ポイント　「業務の棚卸し」の結果、行われる「業務の改善」（BPR）は、いくつかの類型化が可能である。大きくは「事務の改善」と「事業の見直し」である。機関によって様々な類型化を提唱しているが、内容は通底している。

業務改善の類型

業務の棚卸し

業務（事務）の改善…
- ①内部事務の改善
- ②外部事務の改善

【主な内容】
ICT 化、ペーパレス化、手続きや書類の簡素化、RPA 化、業務の委託化　など

事業の見直し…

【主な内容】
廃止、統合、方法の変更、主体の変更、補助金等の見直し、使用料等の見直し、民間活力の導入　など

※著者作成

参考文献・関係法令

総務省「国の行政の業務改革に関する取組方針」（平成28年8月）
㈱日本能率協会コンサルティング「業務量調査結果レポート」（2022.12）

Chapter 7

自治体DX推進計画について

株式会社ケーケーシー情報システム　三宮章敬

1 DXとは何か

✅ ＤＸへのプロセスには「デジタイゼーション」が
ファーストステップ、「デジタライゼーション」がセ
カンドステップとなり、その先に「デジタルトランス
フォーメーション」へと繋がる。

1．デジタイゼーション
アナログなものデジタル化にする。
Ex：紙書類をPDFデータにする（ペーパーレス化）
　　対面会議からリモート会議にする（オンライン化）

2．デジタライゼーション
プロセスをデジタル化し、省力化・効率化させる。
Ex：会議書類をデータ化し、事前にメール等で共有
　　しておく。（効率化）
　　リモート会議内容をデータ採取し、会議録を自
　　動生成する。（省力化）

3．デジタルトランスフォーション
プロセスをデジタルで変化させることで、新たな価
値や体験を創出する。
Ex：水産や家畜の肥料を育成記録データに基づきリ
　　モートで肥育する。
　　AI を活用し、保育所入所選考を最速で最適な選
　　抜を行う。

DX（デジタルトランスフォーメンション）とは「デジタルを活用して人々の生活が豊かになり、より良い方向に変わり続けていく」ことである。

DXまでのプロセス

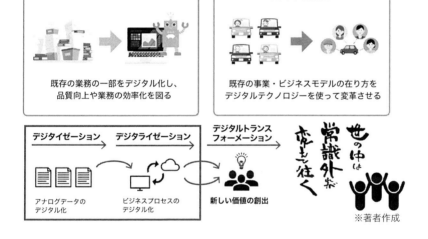

デジタル化
Digitalization

既存の業務の一部をデジタル化し、
品質向上や業務の効率化を図る

DX
Digital
Transformation

既存の事業・ビジネスモデルの在り方を
デジタルテクノロジーを使って変革させる

デジタイゼーション → デジタライゼーション → デジタルトランスフォーメーション

アナログデータの
デジタル化

ビジネスプロセスの
デジタル化

新しい価値の創出

世の中は常識外を変えて往く

※著者作成

参考文献・関係法令

総務省「自治体DX推進計画【第2.0版】」（令和4年9月）

2 国の施策について

✔ 「2025年問題」では特に、生産年齢人口（15歳～64歳）の減少が止まらず、働き手の人材不足に加重して、デジタル化に立ち後れた「デジタル後進国」が浮き彫りとなった。

・業務効率の低下
〈生産年齢人口の推移と将来推計〉
2020年・・・7,300万人
2025年・・・7,000万人（2020年対比：▲300万人）
2035年・・・6,300万人（2020年対比：▲1,000万人）
2040年・・・5,580万人（2020年対比：▲1,720万人）
2050年・・・5,270万人（2020年対比：▲2,300万人）

・大規模な経済損失
経済産業省の試算では年間12兆円の損失が予測されており、経済市場の回復にはITを最大限に活用し、仕事を改革・効率化させる必要がある。

ポイント 人口減少、少子高齢化、団塊世代が後期高齢者に突入など、発生する様々な社会的課題やビジネスに影響を与える「2025年問題」について、各分野で警鐘が鳴らされている。

2025年問題

2020 ▶ **2025** ▶ **2025**

基幹システム
21年以上が2割

5Gの実用化

人材不足
約43万人

基幹システム
21年以上が6割

**最大12兆円／年間
経済損失**

・業務効率の低下
・大規模な経済損失

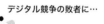

デジタル競争の敗者に…

参考文献・関係法令

総務省「令和4年度版情報通信白書」（令和4年7月）
経済産業省「DXレポート2」（令和2年12月）

chapter 7

3 自治体を取り巻く環境変化

✔ 行政デジタル化の真価が発揮される「デジタル化の基本原則」。インターネットで行政手続きが行え、住民・行政・企業の観点でメリットが得られる。

デジタル化基本原則

- ・デジタルファースト
  個々の手続きやサービスが一貫してデジタルで完結する。

- ・ワンスオンリー
  一度提出した情報は二度提出することを不要とする。

- ・コネクテッドワンストップ
  民間企業含め、複数の手続きをワンストップで実現する。

メリット

- ・住民目線
  引っ越しの際は一度の手続きで電気、ガス、水道なども変更される。

- ・行政目線
  オンライン手続きによる書面不要に伴い、事務処理が軽減される。

- ・企業目線
  社会保険や税に関わる手続きが一元化される。

> **ポイント** 行政手続きオンライン化の基本原則により、添付書類の省略化やデジタルデバイドの是正、民間手続きにおけるデジタル技術活用促進に向けた「デジタル化社会」への第一歩を踏み出した。

デジタル手続法

デジタル手続法

オンライン化**できる** ➡ オンラインが**原則**
（それ以外は例外）

行政手続オンライン化法をデジタル行政推進法に改名・改正 〔基本原則〕

デジタル化の基本原則
・デジタルファースト
・ワンスオンリー
・コネクテッドワンストップ

行政手続きの原則オンライン化のために必要な事項
・行政手続きのオンライン原則（地方自治体は努力義務）
・添付書類の撤廃
・情報システム整備計画
・デジタルデバイドの是正
・民間手続きの推進、等

住民基本台帳法、公的個人認証法、マイナンバー法の改正 〔個別施策〕

・国外転出者による公的個人認証（電子証明書）とマイナンバーカードの利用
・国外転出者の本人確認情報の公証、本人確認情報の長期かつ確実な保存及び公証
・利用者証明用電子証明書を暗証番号入力なしで利用
・通知カードの廃止（個人番号カードへの移行拡大）
・個人番号利用事務及び情報連携対象の拡大

デジタル手続法…2019年5月に公布、同年12月に施行された法律。ITを活用した行政の推進を基本原則とし、各種手続きをオンライン化し、利便性向上と、業務遂行者の負担軽減・効率化を図ることを目的としている。

参考文献・関係法令

総務省「自治体の行政手続きのオンライン化に係る手順書」（令和5年1月）

4 自治体 DXの定義と概要

✅ <u>6つの重点取り組み事項</u>

- 自治体の情報システムの標準化・共通化
  住民生活に繋がりの強い20業務を国が策定する標準仕様に準拠システムへ移行する。

- マイナンバーカードの普及
  交付円滑化計画に基づき全国民にマイナンバーカードが保有される。

- 自治体の行政手続きのオンライン化
  マイナポータルからオンライン手続きを可能とする

- 自治体の AI・RPA の利用促進
  業務の見直しを契機に AI・RPA を積極的に活用する

- テレワークの推進
  業務の見直しを図り、セキュリティポリシーに則したテレワークを実施する。

- セキュリティ対策の徹底
  適切にセキュリティポリシーの見直しを行い、対策を徹底する。

参考文献・関係法令

総務省「自治体 DX 推進計画【第2.0版】」(令和4年9月)

ポイント 自治体 DX の推進を図るためには、住民が質の高い生活を享受できることを定義とし、自治体 DX 推進計画概要に重点取り組み事項が明記されている。

自治体 DX の定義

デジタル技術を活用して行政サービスを変革

住民の利便性を向上させる

住民本位の政策

自治体 DX の概要

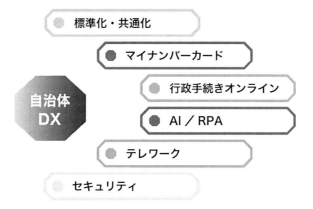

5 先進事例①

✅ **エストニア**

- ソ連から独立した人口130万の新興国。資本不足、資源欠乏、独立間もないために若年層の為政者であるが故、電子政府へ大きく舵を切った、やむを得ない歴史的な背景があった。
- 離婚手続き以外、全ての行政手続きがオンラインで完結する。
- マイナポータル（本人限定の堅牢なサイト）では納税、学歴・病歴・犯罪歴の閲覧、医療機関の予約、運転免許更新、電子投票などが可能。
- デジタル化よって1年間で820年分の労働時間削減効果を実現。

✅ **兵庫県三田市**

- 大学進学や就職を機に、近隣市外へ転出超過。人口減少と高齢化も作用し、持続可能なまちづくりのために、新しい人の流れを作り出し、デジタルによって産業・就労機会創出、暮らしやすい環境整備を掲げる。
- 市民意識調査結果（アンケート）に基づき重点事項を総合計画に反映。
- デジタルを活用して課題解決を図り、市民生活の質を向上させ幸福度を高めるまちづくりを進める。

ポイント 国や自治体は個々の問題に対し、DX の手法を活用して最短で最適な行政サービスの提供をおこない、住民の幸福と社会の発展に寄与する必要がある。

エストニアの事例

所得税申告
オンライン
95%

無料 Wi-Fi
スポット
1100以上

企業・政府間
チャットコミュニケーション
80%以上

学校・政府機関
ブロードバンドアクセス
100%

インターネット
利用率
88%

兵庫県三田市の事例

さんだ里山
スマートシティ
構想
ICT・IoT・AI などのデジタル技術の戦略的な活用とデータ利活用により「市民中心で持続可能な課題解決」を行うスマートシティ

官民共創
プラットフォーム
企業、団体、大学などが ICT やデータを利活用してサービス実装するプラットフォーム

市民参加型
プラットフォーム
オリジナルのコミュニケーションツールを利用して市民が「できる時に、できる方法で」取り組めるプラットフォーム

参考文献・関係法令

外務省「エストニア共和国　基礎データ」(令和 4 年 8 月)
兵庫県三田市ホームページ (令和 5 年 7 月)

5 先進事例②

 北海道北見市

- 少子高齢化、人口減少、シビアな財政状況の
中でサービスの維持・向上を継続するために、
自治体DX推進計画と整合性を図り、計画を
実行。

- 基本方針1：行政サービスの向上
書かないワンストップ窓口の運用・深化、行政手続
きのオンライン化、キャッシュレス決済導入など市
民の利便性向上

- 基本方針2：行政の事務改善
職員研修によるDXリテラシー習得、BPRによる業
務効率化とAI・RPAの利活用

- 基本方針3：地域社会のデジタル化
情報基盤の整備と多様な伝達手段の活用を検討し、
誰もがデジタルの恩恵を享受できる取り組み

ポイント 今、自治体に求められていることはITツールを導入することではなく、デジタルを最大限に活用して仕事の手順や仕法を変えることである。

北海道北見市の事例

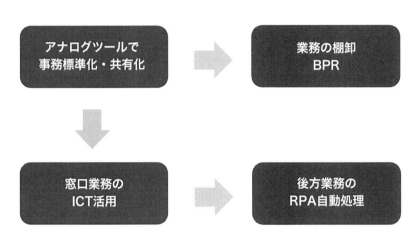

※ BPR…Business Process Re-engineering
　　業務・組織の抜本的な見直しを行うこと
※ RPA…Robotic Process Automation
　　事務系定型作業を自動化・代行するツールを指す

参考文献・関係法令

北海道北見市ホームページ（令和5年7月）

6 これからの展望

 これからの取り組むべき重点ポイント

- **横断的体制の構築**
  縦割り組織から脱却し、情報や意見が横ぐしに流通できる組織

- **デジタル人材の確保と育成**
  驚異的なスピードで進歩するデジタル社会に対し、IT リテラシーの人材確保と継続的育成計画

- **計画的な取り組み**
  今すぐ出来ること、半年後、5年後、10年後と、未来を想像したアクションプラン

- **自治体間の連携強化**
  成功事例だけでなく、地域ならではの失敗事例も含め自治体間で活きた声を共有し、今以上の関係性を構築

ポイント 限りある資源を有効活用し、効果・効率の最大化を求め、10年、20年先の本来あるべき持続可能な行政の姿を見据えることが大切である。

経営資源の要素

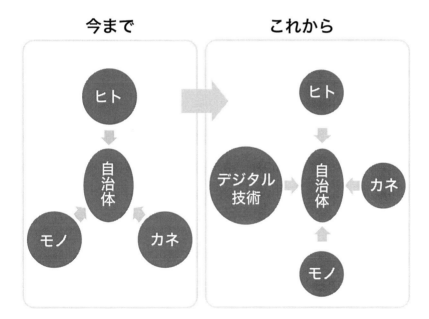

Chapter 8

補助金・負担金等歳出の見直し

滋賀大学　横山幸司

1 補助金の法的根拠

✓ 憲法は、地方公共団体が個人と同様に財産を管理・処分出来ることを保障している。

✓ 一方、憲法は宗教組織や慈善、教育などの私的事業に対する公金の支出の制限をしている。
その趣旨は、「公費濫用の防止と国家の中立性の確保」である。
「サポート・バット・ノーコントロール」は治外法権の意味ではない！

✓ 「公益上必要がある」か否かは、その自治体の長及び議会が個々の事例に即して認定するが、これは全くの自由裁量行為ではなく、客観的に公益上必要があると認められなければならない。

✓ 「条例」により規定するのが望ましい、という考え方もあるが、補助金は住民に対して義務を賦課するものではなく、受益を与えるものであるため、規則や要綱による交付で問題はないとされている。

✓ 上記規則等は、「補助金適正化法」に定める補助金に関する手続き、すなわち「目的」「対象」「始期終期」「成果」等を参考にして制定されている。

補助金とは、地方自治体から私人に対して、特定の行政上の目的のためになされる金銭的給付である。公益上、必要がある場合において認められる。

憲法上の規程

第94条
「地方公共団体は、その財産を管理し、事務を処理し、及び行政を執行する権能を有し、法律の範囲内で条例を制定することができる」

第89条
「公金その他の公の財産は、宗教上の組織若しくは団体の使用、便益若しくは維持のため、又は公の支配に属しない慈善、教育若しくは博愛の事業に対し、これを支出し、又はその利用に供してはならない」

地方自治法上の規定

第232条の２（寄附又は補助）
「普通地方公共団体は、その公益上必要がある場合においては、寄附又は補助をすることができる」

各地方自治体の交付の根拠

「補助金交付規則」、「補助金交付要綱」など長の規則、あるいは自治体の内部規程（「告示」として住民に公表している場合もあり）により交付

補助金等に係る予算の執行の適正化に関する法律
（補助金等適正化法）

国が国以外の者に対して交付する補助金が対象。
補助金の「定義」から交付の「申請」「決定」「実績報告」「決定の取消」「返還」「立入検査」等補助金交付に関する手続きが定められている。

2 負担金、委託費の法的根拠

✓ 負担金とは、一定の事業について特別の利益関係を有する者が、その事業の施行に要する経費の全部又は一部を、その事業の施行による受益の程度に応じて負担する金銭的給付をいう。

✓ しかし、地方自治体では、イベントの実行委員会等への補助的な支出など、本来の趣旨を逸脱している例が少なくない。

✓ 給付の使途や給付先の団体の状況を精査しないと、負担金という名の上納金になっているケースもある。

✓ 委託費も同様であり、行政側も趣旨を理解せずに給付すると、思わぬ義務を生じる場合もある。行政としての役割、受益者の役割を明確にして、どの歳出方法が適切なのかを判断する必要がある。

参考文献・関係法令

※石原信雄、嶋津昭監修「地方財政小辞典」（ぎょうせい、平成23年）
※横浜市総務局しごと改革室「負担金・補助金・交付金の見直しに関する指針」（H27. 2）

法律に根拠があるものは良いが、特に問題となるものは、当該自治体が任意で支出している補助金（交付金）、負担金（分担金）、委託費（委託料）である。

法律に根拠がある負担金

事業によって特別の利益を受ける者に課される「受益者負担金」…道路法第61条、都市計画法第75条、海岸法第33条、地方自治法第224条に基づく分担金など
事業を必要ならしめる原因をなした者に課される「原因者負担金」…道路法第58条、下水道法第18条の２、河川法第67条など
施設を損壊した者に課される「損傷者負担金」…下水道法第18条など

法律に根拠はない自治体任意の負担金

国や地方自治体、地方自治体が構成する団体、民間団体等の行う特定事業や活動により、本市が特別の利益を享受できる場合、当該団体の会費相当額や実費相当額を継続性の有無に関わらず、負担する任意的な支出（横浜市）

法律に根拠がある委託費

地方公共団体がその権限に属する事務・事業等を直接実施せず、他の機関又は特定の者に委託して行わせる場合にその反対給付として支払われる経費で予算の科目としては、「委託料」に計上する。…地方自治法第220条第１項、同施行令150条第１項２項、同規則第15条第２項」

法律に根拠はない私法上の委託

試験、検査、研究等、主として専門的な技術又は知識を要するもの、統計調査等の委託、設計、測量、観測等の委託、映画、テレビ等の制作委託など

chapter 8

3 補助金の分類

- ✔ 行政経営改革においては、任意的な補助金というのが対象の中心になってくるが、義務的な補助金についても、その割合や手続き等については議論する余地がある。

- ✔ 同様に、行政経営改革においては、単独補助が主な対象になるが、協調補助であっても、本当に協調して行う必要があるのか、その負担の割合が適切なのかということを議論する必要がある。

- ✔ そもそも、どの分類にも該当しない補助金は、バラマキ的な補助金と言われても仕方がない。

- ✔ 当該自治体が、その時、見直したい視点によってどういう分類を採用するか決定するのが良い。

参考文献・関係法令

神戸市「補助金見直しガイドライン」(2016)

ポイント 補助金を分類することによって、必要な補助金なのか、財源に問題はないか、分野別に偏りがないかなど、行政経営改革を行う際に有効な基準となる。

---

①義務的か、任意的か

1）義務的な補助金…法令や条例等の定めにより、公益性の高い特定事業や活動を奨励または育成するため、行政からの支援として補助する義務的な支出。

2）任意的な補助金…法令等の定めはないものの、国や他の地方公共団体との協調事業や当該地方公共団体が担う政策上、必要性や公益性が高いと判断できる場合、行政からの支援として補助する任意的な支出。

②財源別の分類

1）単独補助…当該地方公共団体が単独で補助するもの（一般財源、特定財源別）

2）協調補助…国等と協調して補助するもの（直接補助、間接補助別）

③性質別による分類

神戸市の例

1）経済支援型…扶助的要素を含んだ支援を目的

2）大会支援型…行事、大会、イベント等の開催、参加のため実行組織等に対する補助

3）施設整備支援型…公共的な施設整備に対し支援するもの

4）行政補完型…行政の代行的、補完的に実施されている事業に対するもの

5）政策誘導型…公共的、公益的事業を奨励することを目的

4 補助金の効果と問題点

✔ 補助金の主な効果としては市民活動の活性化や、経済活動の活性化、まちづくりの促進、行政の補完ということが期待される。一方、下記のような問題点も多い。

✔ ① 戦略的に交付しないと効果が見えない…何を目的として、何の成果をゴールに、誰を対象としてといった基本的な視点なしに、ただ前例主義や横並び主義的な補助金は税金の無駄使いである。

② 一度交付すると既得権益化する…一度交付されるとそれを自ら辞退する団体はまずない。予算には限りがあり、適切な基準でもって、優先度をつけてスクラップアンドビルドをしていく必要がある。

③ 本来、行政の責任においてなされるべき事業が、補助金の支出という形で安易になされやすい…補助金を出せば、行政の責任が無くなるわけではない。公共私の適切な役割分担を議論したうえで交付すべき。

④ 最悪、不祥事や財政の悪化につながる…適切な補助金の執行でなければ、必ずそこに不祥事が起きる。そして、それはイコール無駄な税金が流れるということ。財政を圧迫すると同時に民主主義の根幹を揺るがすことにもつながりかねない。

ポイント 補助金は公共政策を実施するにあたり、なくては
ならない手法であるが、使い方を誤ると、財政の
圧迫のみならず、最悪、不祥事に繋がる。ひいて
は民主主義の根幹を揺るがすことになる。

補助金の主な効果

①市民団体の育成、発展に寄与し、その活動を活発にす
　るとともに、水準を高める

②市民の経済活動などのさまざまな活動に活力を与える

③市民によるまちづくりが促進される

④行政需要の多様化への対応、行政の補完的な役割への
　期待　　　など

補助金の主な問題点

①戦略的に交付しないと効果が見えない

②一度交付すると既得権益化する

③本来、行政の責任においてなされるべき事業が、補助
　金の支出という形で安易になされやすい

④最悪、不祥事につながる、財政の悪化につながる
　など

5 補助金等の見直しの視点

✔ 補助金等の問題点（具体例）

① 要綱や規約、協定書等が定められていない。

② 交付要綱に定める目的や補助対象経費に沿った支出がされていない。

③ 社会情勢の変化や、当該自治体の施策の方向性と合わなくなってきている。

④ 制度の利用がない・・・需要がない場合と需要はあるが使い勝手が悪く申請に手が挙がらない場合がある。

⑤ 制度や手続きが煩雑で申請者が申請しづらい。

⑥ 公募も選定もせず、毎年度自動的に交付している。

⑦ 補助額の積算根拠が不明である。

⑧ 補助事業の始期が不明。終期の設定がない。

⑨ 補助対象事業の歳入総額に対し補助額が少額である。つまり。交付される側も補助金を必要としていない。

⑩ 団体の繰越金が補助額を上回っており、補助する必要がない。

⑪ 同一の団体に当該自治体の複数の課から公金が支出されている。あるいは県や国等他機関からも支出されている。

⑫ 補助対象事業に要する経費に対する当該自治体の負担が大きい。

⑬ 補助額が高額で、交付限度額が定められていない。　など

補助金等の見直しの視点は、補助金等の問題点に比例する。下記のような問題点を一つずつ解決していくことが具体的な見直しになる。

補助金等の見直しの主な視点

①目的は適切か

ニーズはあるのか、公益性があるのか、当該地方公共団体が支出する必要性があるのか

②手段・方法は適切か

対象経費、積算根拠、選定方法、手続きが適切か、他に方法がないのか

③効果があるのか

政策課題の解決につながっているか、成果が当該地方公共団体に還元されているか

④補助対象団体は適切か

既得権益化していないか、不適切な処理をされていないか、補助金依存となっていないか

6 補助金等の改善の視点

✔ ① 補助金額・補助率の適正化

金額や補助割合が適切か。良い事業、補助先であれば、別に10割補助であっても良い。2分の1を自己財源で確保するのは大変なことである。2分の1に拘る必要はない。ただ、それが既得権益化することはあってはならない。

② 団体運営補助の原則禁止

法的に人件費等が含まれるものを除き、団体に漠然と何十万、何百万を交付するということは適切ではない。手間がかかっても事業費を積み上げていくことが良い。

③ 適切な支出方法への転換

そもそも補助金という形が良いのか。行政の直執行の方が良い、委託にしてはどうか等が考えられる。

④ 交付先選定の適正化

交付先の選定は公募制が原則。既得権益化する補助金というのは、非公募、選定審査を経ずに毎年決まった団体等に交付している例が多い。

⑤ 補助交付先の財政状況の検証

繰越金や内部留保、補助金に対する依存状況などを確認する。県や全国の上部組織への負担金という形の上納金になっているケースも少なくない。

⑥ 再補助の原則禁止

非効率、不透明になりがちである。

ポイント 補助金等の改善の視点は、大きくは、交付方法に関することと、交付先に関することの2点が挙げられる。具体的には下記の6点が主な視点である。

補助金等の改善の主な視点

① 補助金額・補助率の適正化
   1/2以内等を設定する自治体が多いが必ずしも1/2以内に拘る必要はない。

② 団体運営補助の原則禁止
   運営補助は使途が不明確になりがちなため、なるべく事業費補助の積み上げが望ましい。

③ 適切な支出方法への転換
   直接執行や委託の方が適当である場合もある。

④ 補助交付先の選定の適正化
   明確な選定基準と公募制が原則。

⑤ 補助交付先の財政状況の検証
   補助が必要ないほどの繰越金、内部留保の状況、補助金依存を確認する。

⑥ 再補助の原則廃止
   再補助先の事業実施状況の把握が困難。

7 セグメント別補助金等の見直し

✅ 補助金等の総額や支出と収入を突合しているだけでは不正は見抜けない。

✅ 本当に、その補助金等が有効に使われているかどうかは、細かくセグメント別に見ていくことが必要である。

✅ その見直しの過程で、総額は変わらずとも、事業の見直しや予算の適正配分が可能となる。

✅ 同時に、積算方法が適切なのか、そもそも補助金という手法が適切なのか、手続きや書類に不備がないか等も見直す機会となる。

✅ 場合によっては、監査との連携も必要である。悪質なものは、監査から始めるのも一手である。

ポイント 大きな団体への補助金等は細かく具体的な事業を見ていかないと適正性を判断できないため、セグメント別補助金等の見直しが有効である。

セグメント別補助金等の見直し概念図

【補助金名称】　例）社会福祉協議会補助金　　　　　　　　総額 ○○○千円

事業活動別／地区別	A地区	B地区	C地区	…		計
○○サロン事業	○	△	×			30千円
高齢者見守り活動	△	○	×			50千円
児童見守り活動	×	△				20千円
…						
計	50千円	70千円	10千円			

従来は総額でしか判断しないので深い見直しができない

事業別偏在が明らかになる

地区別偏在が明らかになる　→　事業の適正な執行、不祥事の防止につながる

参考文献・関係法令

横山幸司「行政経営改革の理論と実務」（サンライズ出版、2023）

Chapter 9

使用料・手数料等歳入の見直し

滋賀大学　横山幸司

1 使用料・手数料の法的根拠

✔ 道路や公園のように原則として誰でも無料で使用できるものもあれば、プールや貸室の利用など、利用にあたって使用料を支払わなければならないものもある。

✔ 公営住宅や保育施設のように特定の者が継続して利用するものもあれば、公民館など利用の都度申込みを行うものなど、その形態は様々である。

参考文献・関係法令

地方自治法第225条、第227条

ポイント **使用料、手数料の徴収対象者は、いずれも当該サービスを受ける受益者である。**

(使用料) 地方自治法の規定

第225条　普通地方公共団体は、第238条の４第７項の規定による許可を受けてする行政財産の使用又は公の施設の利用につき使用料を徴収することができる。

例) スポーツレクリエーション施設（プール、体育館、野球場等）の使用料、市民文化会館の使用料、公営住宅家賃、保育料、水道料金、下水道使用料　等

(手数料) 地方自治法の規定

第227条　普通地方公共団体は、当該普通地方公共団体の事務で特定の者のためにするものにつき、手数料を徴収することができる。

例) 住民票、所得等に関する証明発行手数料、市道認定証明、竣工検査手数料、一般廃棄物処理業許可申請書　等

2 使用料・手数料の徴収にあたっての基本的な考え方と課題

- ✔ 使用料を徴収する主な目的は、特定の住民が利益を享受する行政サービスについて、受益者の使用料と非受益者の税負担の公正性を確保し、受益と負担を適正化することにある。

- ✔ 使用料が施設のコストを大きく下回った場合、その不足分は公費（税金）で賄うこととなり、施設を利用しない市民も負担することとなる。

- ✔ 負担額によっては、著しく公平性を害する恐れがあるため、受益者から適正な使用料を徴収し、受益と負担の適正化を図ることが重要となる。

- ✔ 適正な使用料の設定にあたっては、まずはコストを適切に把握することが重要となる。そのサービスを持続可能なものとするためにも適正な使用料の設定は必須である。

参考文献・関係法令

成山哲平「使用料・手数料等歳入の見直し」横山幸司編『コロナ時代を生き抜く自治体経営論』（サンライズ出版、2022）

ポイント 持続可能性の観点から適切な使用料・手数料が設定されていない場合は、将来的にその料金水準を維持することはおろか、その施設・サービス自体を維持すること自体が困難になるおそれがある。

使用料・手数料の徴収にあたっての基本的な考え方

①原価算定方式による料金算定の明確化

②行政と受益者の負担割合の明確化

③減免対象範囲の明確化

④適用除外の明確化

⑤料金改正の限度を設ける措置（激変緩和措置）

⑥消費税の取り扱い、料金の単位、その他の調整等

⑦定期的な料金見直し

使用料・手数料の課題

①長年にわたり据え置かれてきたものが多い。

　市町村合併以降、見直しがされていない。

　合併時にさえ、見直されていない自治体もある。

②同自治体内に存在する同類の公共施設でも、料金に格差があったり、減免規定が一律でなかったりする。

③そもそも算定根拠が不明確　ただ、近隣の自治体に合わせただけ

④減免の根拠が不明確

⑤受益者負担の割合が不明確

⑥消費税の改定がされていない　など

3 使用料・手数料の算定方法①

✓ 使用料は、通常、はじめに原価（フルコスト）を計算し、その原価に受益者負担割合を乗じ、さらに利用者区分別負担割合等を乗じて算出するのが代表的な方法である。

✓ さらには、周辺自治体の状況や激変緩和策、減免策などを講じて実施されることが常である。

✓ しかし、あまり、これらを加味しすぎると、原価から算定した意味がなくなってしまうため、注意が必要である。

参考文献・関係法令

稲城市「使用料の算定基準」（令和元年11月）

ポイント

使用料・手数料は、合理的・科学的な算定方法に基づいて算定されなければならない。

使用料・手数料の算定手順（東京都稲城市の事例）

原価計算
（使用料にかかわるサービスの原価を計算）

公費負担割合の設定
（サービスの性質に基づいた負担割合の検討）

民間や周辺自治体の同種・類似の使用料との比較

激変緩和の考慮
（市民の急激な負担を緩和するための単価設定）

その他調整項目の検討
（市外利用者料金、土日料金、時間帯別料金、割引料金等の検討）

減額・免除措置の検討
（一定の行政目的の達成のため、例外的に減額または免除を検討）

使用料決定

3 使用料・手数料の算定方法②

✓ 貸会議室の使用料等のように「1室あたりのフルコストから使用料を算定する方法」と市営プールなどのように「1人あたりのフルコストから使用料を算定する方法」が考えられるが、ここでは「1室あたりのフルコストから使用料を算定する方法」を例に説明する。

✓ まず、対象施設全体のフルコストの総合計÷対象施設貸出面積の総合計で1㎡あたりの年間フルコストを算出する。フルコストとは、文字どおり行政サービスに係る全てのコストのことである。人件費、物件費、修繕費等の施設運営に直接的、間接的に係るコストに減価償却費を加えて算出する。

✓ 次に1㎡あたりの年間フルコスト÷対象施設年間平均利用可能時間で1㎡あたりの時間フルコストを算出する。そして、1㎡あたりの時間フルコスト×貸出面積×貸出時間で1室あたりの原価（フルコスト）を算出する。この1室あたりの原価（フルコスト）に受益者負担割合、利用者区分別負担割合を乗じて、1室あたりの使用料を算出するという流れになる。

> **ポイント**
>
> **施設運営で生じた年間のフルコストから施設の貸出面積や利用可能時間等を用いて1室あたりの原価（フルコスト）を把握し、それに基づき1室あたりの使用料を算出する。**

原価算定方式による料金算定の方法例

| 1㎡あたりの
年間フルコスト | = | 対象施設全体の
フルコストの総合計 | ÷ | 対象施設貸出
面積の総合計 |

| 1㎡あたりの
時間フルコスト | = | 1㎡あたりの
年間フルコスト | ÷ | 対象施設年間平均
利用可能時間 |

| 1室あたりの
フルコスト | = | 1㎡あたりの
時間フルコスト | × | 1室面積 | × | 利用時間 |

| 1室あたりの
使用量 | = | 1室あたりの
フルコスト
（原価） | × | 受益者
負担割合 | × | 利用者区分別
負担割合 |

chapter 9

3 使用料・手数料の算定方法③

- ✓ 近年、国や自治体において、行政サービスのフルコスト情報の開示への取り組みが進められている。

- ✓ フルコストとは、文字どおり行政サービスに係る全てのコストのことである。

- ✓ 従来の官庁会計における歳出のみではなく、発生主義により把握された非資金費用項目である減価償却費や引当金等も含めて算出される。

- ✓ 行政サービスのフルコストを算出することは「行政サービスの原価計算」を行うことと同義といえる。

参考文献・関係法令

成山哲平「使用料・手数料等歳入の見直し」横山幸司編『コロナ時代を生き抜く自治体経営論』（サンライズ出版、2022）

ポイント 地方公会計制度（複式簿記）の導入によって、フルコストの意識が広まりつつあるが、まだ、フルコストから使用料・手数料等を算出してない自治体も見受けられる。

フルコストとは

フルコスト（原価）
＝①直接経費 ＋ ②間接人件費 ＋ ③減価償却費

① 直接経費
　人件費、物件費、修繕費等の施設運営に直接的に係るコスト。
　人件費については、賞与等引当金繰入や退職手当引当金繰入等、発生主義により把握された費用を加えるのが望ましい。なお、冷暖房等、時期によって光熱水費に変動のあるものについては、通常期の使用料原価に割増率を設定することが望ましい。

②間接人件費
　役所庁舎で生じる人件費。施設は単独で運営されるものではなく、団体の施策に沿った運用がなされるように、役所の管理・指導が必要となる。これに伴う人件費を算定し、加味することが望ましい。

③減価償却費
　施設の償却費

3 使用料・手数料の算定方法④

✓ 受益者負担割合は、マトリックスを用いて整理すると分かりやすい。

✓ マトリックスは、「公共的（非市場的）」か「民間的（市場的）」か、「必需的」か「選択的」かという2軸に基づいて、大きく4つに分類できる。

✓ 第1分類は、公共的（非市場的）かつ必需的な分野である。庁舎や学校などが該当し、公費で100％負担するのが適当な分野である。第2分類は、民間的（市場的）であるが、必需的な分野である。公立保育園や公営住宅などが該当し、実際に利用する人（受益者）に使用料を一定負担していただく必要がある。第3分類は、公共的（非市場的）ではあるが、選択的な分野である。福祉施設やコミュニティ施設などが該当し、第2分類と結果的には同じであるが、利用者（受益者）に一定負担していただく必要がある。第4分類は、民間的（市場的）かつ選択的分野である。文化施設やスポーツ施設が該当し、利用者（受益者）が100％負担することが適当と考えられる分野である。
更に細かく分類している自治体もある。

ポイント マトリックスを作成し、公共的、必需的なものは受益者負担割合を低く、市場的、選択的なものほど、受益者負担割合を高く設定する。

受益者負担割合（施設の性質別負担割合）の例

公共的（非市場的）

第3分類
受益者負担　50%
公費負担　　50%

第1分類
受益者負担　0%
公費負担　　100%

福祉施設………デイサービス施設
地域活動施設…コミュニティセンター
スポーツ施設…競技場、武道館

インフラ施設…道路、公園
行政施設………市役所、消防署
文教施設………小中学校
保健衛生施設…保健センター

選択的 ← → **必需的**

会議・研修施設…市民文化会館
スポーツ施設……プール、テニスコート
その他…………駐輪場

福祉施設………保育園、学童保育所
住宅関連施設…市営住宅
その他…………学校給食センター

第4分類
受益者負担　100%
公費負担　　0%

民間的（市場的）

第2分類
受益者負担　50%
公費負担　　50%

3 使用料・手数料の算定方法⑤

- ✔ 利用者区分別負担割合の代表的な区分としては年齢に分けて区分する方法である。

- ✔ 例えば、大人は1.0倍、高校生は0.75倍、小中学生は0.5倍、幼児は0.25倍など、年齢によって差を設ける方法である。

- ✔ そのほか、当該自治体の住民なのか、それとも自治体外の住民なのか、個人か団体か、営利的な利用なのか、非営利的な利用なのかで区分する方法などがある。

- ✔ こうした利用者区分別負担割合は必ずしも設定しなくてはいけないものではない。

過度な利用者区分負担割合を設定することは、受益者負担の適正性や利用者間の公平性を害し、自治体の貴重な歳入を過度に減額することにもつながるため十分な検討が必要である。

利用者区分負担割合とは

S市の例

利用者区分による乗率受益者負担の公平性を確保するために、利用者区分による乗率は次のとおりとする。

a 年齢により利用区分を設定する場合
　大人1.0倍　高校生0.75倍まで
　小中学生0.5倍まで　幼児0.25倍まで

b 市民、市民以外の利用者区分を設定する場合
　市民料金の3倍までとする。

c 個人、団体（団体割引）の利用者区分を設定する場合
　割引後の料金は、個人料金の0.8倍までとする。

d 営利目的の利用者区分を設定する場合
　市民料金の3倍までとする。

・乗率は「1/4、1/2、1/3」表記の自治体も多い。
・市（町）外利用者、営利目的利用者は2倍までの自治体が多い。
・営利目的利用者の場合、入場料を徴収するか否かで差をつける場合も見受けられる。

4 減免の考え方①

✅ 多くの自治体では、高齢者、障害者等への配慮や、社会教育団体、社会福祉団体、地域住民団体などの活動を支援・推進する観点から、施設ごとの基準により使用料の減額または免除を幅広く認めてきた。

✅ 「受益と負担の公平性」を保つためには、施設ごとの基準ではなく、統一的な基準を持つことが必要となってくる。

✅ そのためには「減免制度の方針」を定め、「受益者負担原則の徹底」や「統一の基準」を定めることが必須である。

> **ポイント**
>
> **減免制度は、特例的な措置であることを前提とし て、その対象範囲は目的、必要性に即して、 できるだけ限定すべきである。そして、自治体 内での基準を統一すべきである。**

減免の基本的な考え方

S市の例

免　除

①施設を利用する障害者を介助する場合（介助者１名については 免除）

減　額

①身体障害者福祉法又は精神保健及び精神障害者福祉に関する法 律による手帳の交付を受けている人が利用する場合

②「療育手帳制度について」（昭和48年９月27日発児第156号厚生事務 次官通知）による療育手帳の交付を受けている人が利用する場合

③生活保護法により生活保護を受けている世帯

④〇〇市ひとり親家庭等医療費受給者の属する世帯

⑤後期高齢者医療制度の被保険者のうち低所得者Ⅰに該当する者 の属する世帯

⑥次に掲げる障害者を構成員とする世帯で、世帯全員が市町村民 税（特別区民税含む。）非課税の措置を受けている世帯

　⑴身体障害者福祉法に規定する身体障害者手帳を所持する身体 障害者

　⑵所得税法又は地方税法に規定する障害者のうち、児童相談 所、知的障害者更生相談所、精神保健福祉センター又は精神 保健指定医により知的障害者と判定された者

　⑶精神保健及び精神障害者福祉に関する法律に規定する精神障 害者保健福祉手帳を所持する者

4 減免の考え方②

✓ 減免の良くない例は、次のような例である。
「次にあげる場合は使用料の100％を減額すること
ができる」として、具体的には、「市が活動を支援
している公益性のある市内の団体であって、市長が
定める以下の団体が利用するとき」とした結果、そ
の自治体に存在する団体のほとんどが減免というよ
うな例である。

✓ 安易に減免対象を広げてしまう結果となり、自治体
の貴重な歳入をほぼ失っている例である。

✓ 使用料・手数料は貴重な歳入である。不当な減免は
許されない。減免にあたっても、明確な基準と運用
が肝要である。

✓ 使用料・手数料の見直しならびに減免の見直しも行
革の一環である。持続可能性の観点から、社会情勢
に応じて見直していく不断の努力が必要である。

ポイント

行き過ぎた減免は、自治体の歳入を失っているのと同じである。適正な減免制度の構築が必要である。

使用料減免の良くない例

次に掲げる場合は、使用料（利用料金）の額の100％を減額することができる。ただし、減額は、次の団体の活動場所を考慮した上で、主として利用する施設に対し限定的に行うものとする。公益性のある団体を支援するため、市が活動を支援している団体であって、公益性のある市内の団体が公の施設を利用するときは、その団体が主に活動する場所の使用料（利用料金）の50％を減額することとする。

市が活動を支援している公益性のある市内の団体であって、市長が定める下記の団体が利用するとき。

自主防災組織　○○市自治連合会・小学校区支部　市民自治組織（自治会等）自主防犯組織　○○市農業研究会　○○工業団地協議会　○○市商工会　○○市社会福祉協議会　地区社会福祉協議会　○○市ボランティア連絡協議会　○○市民生委員児童委員連絡協議会　○○市心身障害者福祉連絡協議会　○○市高齢者クラブ連合会・単位高齢者クラブ　○○市シルバー人材センター　○○市小中学校 PTA 連絡協議会　○○市青少年相談員連絡協議会　○○市スポーツ少年団・登録団体　○○市体育協会・専門部　総合型地域スポーツクラブ　○○市文化団体協議会　社会教育関係認定団体　○○市民まちづくりサポートセンター登録団体

Chapter 10

公共施設等総合管理計画について

アジア航測株式会社　今岡夕子

1 公共施設等マネジメントとは①

✓ 「公共施設等」に法的な定義はないが、マネジメントの実践場面では背景とする法律などを踏まえ対象を定義して行うことが望ましい。

✓ 公共施設等とは、地方公共団体が管理するいわゆるハコモノ施設（建築系公共施設）とインフラ施設（土木系公共施設）をいう。公共施設等総合管理計画では、公共施設「等」は建築系公共施設以外を対象に含みうることのニュアンスとして解される。

✓ また、財産管理や資産経営の観点から、マネジメントの対象としては、公共施設等が存する土地を含みうる。

参考文献・関係法令

公共施設等総合管理計画の策定等に関する指針（総務省）
地方自治法、都市計画法、民間資金等の活用による公共施設等の整備等の促進に関する法律（PFI法）

公共施設等マネジメントとは、自治体が保有する公共施設等を効率的に活用し、必要な公共サービスを維持できるよう、<u>自治体経営の視点から公共施設等の整備、維持管理及び運用を進めていく活動</u>のこと。

公共施設等とは（定義例）

■総務省「公共施設等総合管理計画の策定等に関する指針」
（平成 26 年 4 月 22 日・令和 5 年 10 月 10 日改訂）

公共施設、公用施設その他の当該地方公共団体が所有する建築物その他の工作物をいう。具体的には、いわゆるハコモノの他、道路・橋りょう等の土木構造物、公営企業の施設（上水道、下水道等）、プラント系施設（廃棄物処理場、斎場、浄水場、汚水処理場等）等も含む包括的な概念である。

■地方自治法における財産の分類（第 238 条）との対応概念

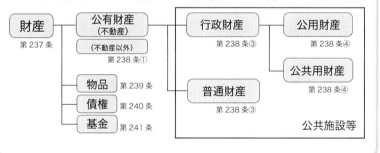

このほか「都市計画法」や「民間資金等の活用による公共施設等の整備等の促進に関する法律」（PFI 法）においても、「公共施設」あるいは「公共施設等」に関する定義を行っている。

1 公共施設等マネジメントとは②

✔ FM（ファシリティマネジメント）の特徴は「総合的」であること。個々のファシリティ（施設及びその環境）を管理の対象とすることのみならず、組織全体及びファシリティ（施設及びその環境）を総合的に把握し、「全体最適」を目指す。

✔ AM（アセットマネジメント）において、アセットから生み出す「価値」とは、当然要求される施設の性能（安全性など）やサービスのメニュー（目的とする機能）のみならず、社会環境的な要求対応（例：環境配慮）や、当該自治体が目指すまちづくりへの参加などが考えられる。

参考文献・関係法令

「公式ガイド　ファシリティマネジメント」（平成30年　FM推進連絡協議会　日本経済新聞出版社）
下水道のストックマネジメント実施に関するガイドライン2015年版［平成27年11月（令和4年3月改定）国土交通省］
アセットマネジメントの要求事項［ISO 55001（JIS Q 55001）］

公共施設マネジメントの類似概念

■ストックマネジメント

予算制約のもと、増大する改築需要に対応すべく、施設全体の維持保全・改築更新を計画的に実施する手法。例えば下水道事業では、明確な目標を定め、施設の状況を客観的に把握、評価し、長期的な施設の状態を予測しながら、施設を計画的かつ効率的に管理することとされている。
（下水道事業のストックマネジメント実施に関するガイドライン 2015 版）

■ファシリティマネジメント

企業・団体等が組織活動のために、施設とその環境を総合的に企画、管理、活用する経営活動。組織の経営目標の達成をファシリティ（施設とその環境）の面から支援する。品質・財務・供給に関する目標管理を行う。
（（公社）日本ファシリティマネジメント協会における定義例）

■アセットマネジメント

アセット（人、モノ、カネ）からの価値を実現化する組織の調整された活動。組織の目標を達成するために、アセットからより大きな価値を生み出せるよう活動を調整する。アセットからの価値の創出には「コスト」「リスク」「パフォーマンス」の3要素の最適なバランスを達成することが重要。
（（一社）日本アセットマネジメント協会における定義例）

1 公共施設等マネジメントとは③

✓ 公共施設等マネジメントの目標を設定するために
は、公共施設等に係る状態の客観的把握・評価、
中長期的な維持管理・更新等の経費見込み、予算
制約の考慮などが必要である。

✓ 目標達成のための手段は、計画的かつ効率的なも
のとする。関係者と課題を共有し、今後の方向性
について社会的な合意を形成するために必要なプ
ロセスについても考慮する。

✓ 評価では、品質・財務・供給の面から目標を管理
することが考えられる。

参考文献・関係法令

「公共施設マネジメントハンドブック―「新しくつくる」から「賢くつかう」へ―」
（監修　小松幸夫　日刊建設通信新聞社　平成26年）

自治体経営の視点を踏まえた公共施設等マネジメントの推進は、総合的かつ計画的な視点に立った基本方針（基本原則）を定め、住民や関係部署との合意形成を図りながら、公共施設等の改革（整備・維持管理・運用等の見直しや改善）に取り組む。

公共施設等マネジメントの要素

- ●基本方針（基本原則）の策定
- ●目標の設定
- ●目標達成のための手段の構築と実践
- ●評価と見直し

自治体経営の視点

☆資産の価値の維持・向上・創出
⇒安全・安心を優先、複合化などによるワンストップサービスやシナジーの発現、まちづくりとの連携など

☆必要な行政サービス水準の維持
⇒公共サービスを低下させない工夫（サービスの提供者等）、必要な機能を優先など

☆健全な財政運営
⇒将来の財政規模、民間とのコスト比較、受益者負担の公平性など

2 公共施設等総合管理計画の体系① インフラ長寿命化基本計画

✔ 公共施設等総合管理計画は、地方公共団体の行動計画（メンテナンスサイクルを構築・継続・発展させるための取組方針）、個別施設計画はその実施計画となる。

✔ 「長寿命化」の考え方としては、公共サービスの持続性を確保するために、「予防保全型」維持管理[*1]への転換により更新等費用の縮減や平準化を図るとともに、施設の複合化・集約化・廃止などに戦略的に取組み、社会構造の変化や新たなニーズへ対応していくものとしている。

✔ 以上の観点から、公共施設等総合管理計画及び個別施設計画は、策定指針等に基づく記載内容[*2]に沿いつつ、施設のメンテナンスサイクル構築（点検・修繕・改築等）に係る内容、施設の再編に係る内容を位置付けることができる。

注釈

* 1　損傷が軽微である早期段階に予防的な修繕等を実施することで、機能の保持・回復を図る管理手法をいう。
* 2　公共施設等総合管理計画…参考文献②、個別施設計画…参考文献①に記載事項が掲載されている。

参考文献・関係法令

①インフラ長寿命化基本計画（平成25年11月・インフラ老朽化対策の推進に関する関係省庁連絡会議）
②公共施設等総合管理計画の策定等に関する指針（令和5年10月10日改定・総務省）

ポイント

> 国のインフラ長寿命化計画の体系において、公共施設等総合管理計画は、「長寿命化」を核として、インフラのメンテナンスサイクルを構築・継続・発展させるための方針として位置付けられる。

計画の位置付け例（国の体系）

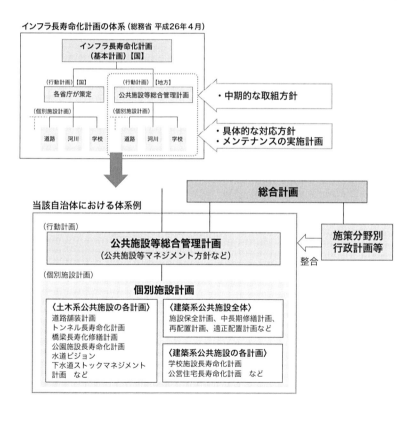

インフラ長寿命化計画の体系（総務省 平成26年4月）

インフラ長寿命化計画
（基本計画）【国】

（行動計画）【国】
各省庁が策定

（行動計画）【地方】
公共施設等総合管理計画

・中期的な取組方針

（個別施設計画）
道路　河川　学校

（個別施設計画）
道路　河川　学校

・具体的な対応方針
・メンテナンスの実施計画

総合計画

当該自治体における体系例

（行動計画）
公共施設等総合管理計画
（公共施設等マネジメント方針など）

施策分野別
行政計画等

整合

（個別施設計画）
個別施設計画

〈土木系公共施設の各計画〉
道路舗装計画
トンネル長寿命化計画
橋梁長寿命化修繕計画
公園施設長寿命化計画
水道ビジョン
下水道ストックマネジメント
計画　など

〈建築系公共施設全体〉
施設保全計画、中長期修繕計画、
再配置計画、適正配置計画など

〈建築系公共施設の各計画〉
学校施設長寿命化計画
公営住宅長寿命化計画　など

2 公共施設等総合管理計画の体系② 保全計画と再配置計画

✔ 修繕・改修の優先度を決定するためには、原則として全施設を対象とする簡易診断（劣化診断）による「緊急度」の把握が必要。

✔ 修繕・改修の内容及びそのための建物詳細調査の内容や観点は、対象施設を長期的に維持するのか、将来的に統廃合の可能性があるのかなど、施設の方向性（配置方針、存続方針）を踏まえる必要がある。

✔ 各省庁の補助事業は個別施設計画の策定を条件としたものが多い。また、公共施設等適正管理推進事業債による集約化・複合化、長寿命化、転用、立地適正化、ユニバーサルデザイン化、除却の各事業への措置は2026（令和8）年度までとなっている（R5年度時点）。

ポイント 建築系公共施設の個別施設計画には、施設の修繕・改修計画を主とする保全系と、統廃合など再編計画を主とする配置系がある。

個別施設計画の性格分類と業務例

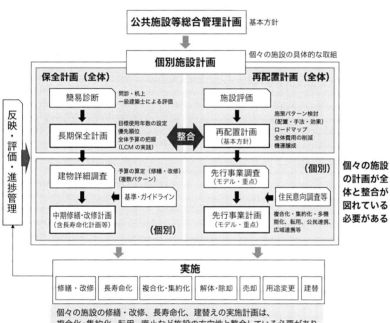

chapter10

3 長寿命化①──長寿命化とは（建築系公共施設の場合）

✅ 　長寿命化とは、一般的に建物の物理的な使用年限を残したまま機能性や快適性の低下等を要因として建替えが選択されてきたことに対し、適切な時期に適切なメンテナンスを実施すること（予防保全型維持管理）によって、物理的な使用年限近くまで建物を安全・快適・機能的に活用し続けることをいう。

　メンテナンス（改修・修繕）の内容や実施時期は、対象部位及び仕様ごとに目安とされる更新・修繕の周期[*2]を参考に設定する。

　長寿命化には、間取りの変更や内装のリニューアル、設備の入替や新設により、社会的ニーズの変化へ対応し、建物の価値を高めて有効活用することも含まれる。

　また、コンクリートの中性化対策[*3]により躯体[*4]の残使用年数を延ばすことも長寿命化対策の一つである。

注釈

* 1　ライフサイクルコスト…建物が存在し取り壊すまでの生涯費用。一般的に建設時のコストの3〜4倍近くの維持管理・運営コストが必要となるとも言われる。
* 2　建築物のライフサイクルコスト（（一財）建築保全センター）
* 3　コンクリートを緻密化することで水・二酸化炭素の浸入を防ぎ中性化の進行を遅らせる、鉄筋を錆びにくくし鉄筋の腐食を長期間抑制するなどの対策
* 4　躯体…建物の骨格部分。基礎、壁、柱、床、梁など。

ポイント 長寿命化の効果は建替費用や緊急修繕費の発生頻度が減ずることによるライフサイクルコスト*¹の縮減と計画的保全による費用の平準化である。

長寿命化のイメージと改修例

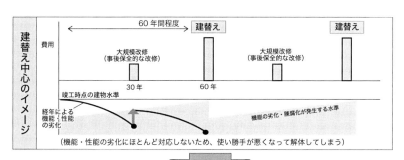

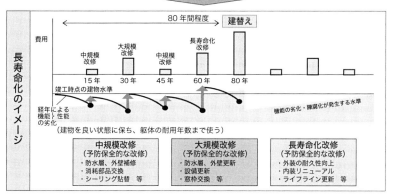

3 長寿命化②─対象施設と目標使用年数（建築系公共施設の場合）

✅ 一定程度の面積規模を保有する建物は、集約化・複合化、多機能化のために空間を活用できる可能性が高く、長寿命化の対象となり得る。

✅ 建物の健全性は、SRC造やRC造[*1]の場合、コンクリートの設計基準強度に応じた供用限界期間の考え方を参考として、長寿命化の目標使用年数に対するコンクリート圧縮強度から判定できる（表参照）。また、著しい劣化・老朽化の進行も費用対効果の観点から考慮する。例えば、機能改良に必要な費用と今後15年間の修繕費の合計が新築費用の75％以上となる場合は建替を考慮するとする考え方がある[*2]。

✅ 現在の築年数と過去の改修実績との関係から、更新しなければならない部位・設備も変わってくることになり、その点からも費用対効果を考慮する必要がある。

注釈

* 1　SRC造：鉄骨鉄筋コンクリート造、RC造：鉄筋コンクリート造
* 2　米国ブリガムヤング大学の開発した NI（NeedsIndex）の考え方による。

ポイント 長寿命化の対象施設は「改修費を投じて今後30年以上は使用する価値がある」と考えられる建物を選定する。

長寿命化の対象可能性判定フロー例

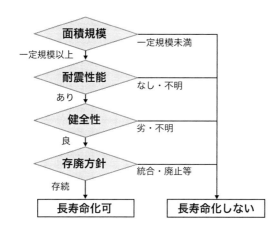

長寿命化の目標使用年数の考え方例

参考〈建築物の供用限界期間〉(鉄筋コンクリート造の場合)

耐久設計基準強度 (必要な耐久性能を満たすための基準値)	計画供用の級	計画供用期間 (大規模改修不要予定期間)	供用限界期間 (継続使用のためには骨組みの大規模な補修が必要となることが予想される期間)
36N/㎟以上	超長期	200年	―
30N/㎟以上	長期	100年	200年
24N/㎟以上	標準	65年	100年
18N/㎟以上	短期	30年	65年

「建築工事標準仕様書・同解説(2009年2月改定)」(日本建築学会)

4 再配置検討①─施設評価（建築系公共施設の場合）

✅ 評価の指標、項目、配点基準及び評価軸の組合せによる結果の分類整理は、当該自治体の施設実態や公共施設マネジメントの戦略等を反映しつつ独自に設定する。残すものはどのような基準で選定するか……財政面、地域での必要性、良好な建物、代替が難しいもの等……について整理する。

✅ 客観的なデータに基づく1次評価結果は施設所管課と共有し、データの誤りなどがあれば修正する。

✅ 定性的な評価を踏まえた総合判定は、施設所管課も交えて、根拠の共有、今後の事業のあり方に係る検討の可能性も踏まえた議論を行う。

✅ どこまで総量を減らすのか（数値目標）、選択される公共施設を誰が決めるのか（合意形成プロセス）、廃止後の施設・跡地の活用・処分などにも留意する。

✅ この後、個々の施設の方向性に基づいて、目標達成のための具体的な再編プラン及びそれを踏まえた改修・建替等の保全計画を作成していく。

ポイント 施設評価による方向性（存続方針）の検討は、所管課の所掌業務内での事情だけでなく当該自治体経営の視点に立った全体的な立場から、残すもの・残さないものを選択し決定していくプロセスの基礎的なエビデンスとなる。

代表的な施設評価の要素と流れ（例）

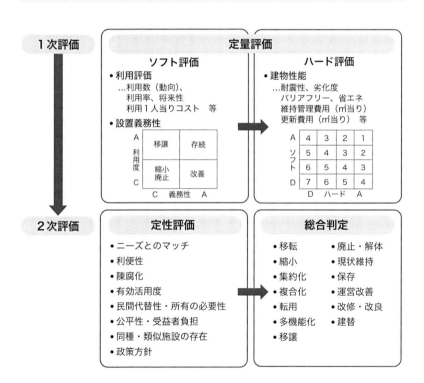

1次評価

定量評価

ソフト評価
- 利用評価
  …利用数（動向）、利用率、将来性、利用1人当りコスト　等
- 設置義務性

A	移譲	存続
利用度	縮小廃止	改善
C		

C　義務性　A

ハード評価
- 建物性能
  …耐震性、劣化度、バリアフリー、省エネ、維持管理費用（㎡当り）、更新費用（㎡当り）　等

A	4	3	2	1
ソフト	5	4	3	2
	6	5	4	3
D	7	6	5	4

D　ハード　A

2次評価

定性評価
- ニーズとのマッチ
- 利便性
- 陳腐化
- 有効活用度
- 民間代替性・所有の必要性
- 公平性・受益者負担
- 同種・類似施設の存在
- 政策方針

総合判定
- 移転
- 縮小
- 集約化
- 複合化
- 転用
- 多機能化
- 移譲
- 廃止・解体
- 現状維持
- 保存
- 運営改善
- 改修・改良
- 建替

5 更新等費用の試算 （建築系公共施設の場合）

✔ 試算の条件は、実際に予算化する修繕・工事の単位、周期、内容を考慮して設定する。例えば、対象とする工事を屋上・外壁改修に絞ったり、検討する施設類型を学校のみとすることなども考えられる。

✔ 建物及び部位・設備の更新単価の根拠として参照できるものとしては、過去の費用実績、固定資産台帳、各種データ集等*がある。個々の建物・設備ごとにこれらを参照、あるいは対象建物・設備をグループ化した上で代表的なものを参照する方法で単価を参照する。

✔ 部位・設備数量が不明（調査に時間を要する）である場合は、建設費に対する費用構成割合を設定し、工事内容に応じて（大規模改修や長寿命化改修といった対策の工事内容に応じて）、建替単価に対する割合を乗じて単価とするなどの工夫もできる。

注釈

*建築物のライフサイクルコスト（(一財)建築保全センター）、建築物のライフサイクルマネジメント用データ集（BELCA）、建築コスト情報（㈶建設物価調査会）、公共施設更新費用試算ソフト（(一財)地域総合整備財団）など

更新等費用の試算は、①長寿命化や施設再編など対策の効果を検証する、②実際に必要な費用（予算）の見通しを把握するために実施する。

試算にあたっての設定（検討）項目

項　目	内　容
ア．算出する経費の内容	①維持管理、修繕、更新等経費の内容の定義 ②計画の対象範囲と試算の対象 ③試算のシナリオ
イ．試算期間	算出期間・集計期間
ウ．費用の内訳等	経費に含む / 含まない費用の扱い（例：設計費、管理費、解体撤去費、仮設費、消費税、物価上昇率の扱い等）
エ．算出単位	施設単位、建物単位、部位・設備単位、工事単位など
オ．費用の発生周期	算出単位（エ）における（ア）で定義する対策の実施周期
カ．単価及び根拠	算出単位（エ）における（ア）で定義する対策の単価設定及び根拠
キ．工事実績の反映の考え方	過去の工事実績を考慮するか
ク．劣化状況の反映の考え方	劣化状況を考慮するか

主な試算のシナリオの例

項　目	内　容
従来型	法定耐用年数で更新する
長寿命化型	目標使用年数で更新する、長寿命化改修を実施する
再配置型	再編プランに沿った面積増減、時期の調整を行う

Chapter 11

公営企業（水道事業）の
マネジメントについて

株式会社日水コン　平田明寿

1 公営企業・地方公営企業とは？ 水道事業とは？

✓ 公営企業は、地方公共団体が特別会計を設けて運営される事業のことで、それ自体が法人格を持たず地方公共団体に帰属している。

✓ 公営企業には、地方公営企業法の適用を受ける形態とそれ以外の形態があり、前者は地方公営企業と呼ばれ、都道府県および市区町村が経営し、法人格を持たず、一般会計（行政予算）とは切り離された特別会計での独立採算制が採られる。

✓ 水道事業は、地方公営企業法が適用される地方公営企業であり、事業の進め方は水道法に定められている。水道法は施設の布設・管理法であり、清浄・豊富・低廉を三原則とすることが明確に示されている。

✓ 水道事業は公的施設の管理という視点では、人工構造物による公共施設となる。

✓ 施設の管理という視点では、水道事業は事業法（水道法）となる。事業法は、事業者が公共・公益サービスを提供する際の行政への申請及び認可等の条件等（安定したサービス提供を担保）で構成されている。

> **ポイント**
>
> 上下水道局などの様に、組織的には一体的に取り扱われることが多い上下水道事業であるが、その施設の位置付けや施設を管理する法律などは異なっている。

公的施設の分類

	公共施設	
人　工	下水道 道　路 公　園 港湾　等	上水道 鉄道　等
自　然	河　川 海岸　等	―
関連法令	公物管理法	それぞれの事業法

※筆者作成

地方財政法、地方財政法施行令、地方公営企業法、水道法

2 最近の国の施策について

✓ 政府全体の取組として、人口減少の中で、安定的な水道事業の経営を担保し、効率的な整備・管理を実施するため、多様な官民連携の活用を検討することが求められている。

✓ 令和元年10月１日水道法改正では、法の目的を「水道の計画的な整備」から「水道の基盤の強化」に改めるとともに、広域連携の推進、適切な資産管理の推進、官民連携の推進、指定給水装置工事事業者制度の改善について規定した。

✓ 令和元年９月に策定された「水道の基盤を強化するための基本的な方針」では、官民連携について「水道の基盤の強化を図る上での有効な選択肢の一つ」とし、「官民連携の活用の目的を明確化した上で、地域の実情に応じ、適切な形態の官民連携を実施することが重要」とされている。

✓ 厚生労働省の感染症対応能力強化に向けた組織見直しの一環として、水道行政を移管する方針が令和４年９月に発表された。具体的には、水道整備・管理行政は国土交通省が一元的に所管し、水管理・国土保全局において下水道行政と一体で運営する方向で検討が進むとみられる。水道水質基準の策定等は環境省が所管し、水・大気環境局に移管されることが予想されており、令和６年４月の移管を目指して進められている。

ポイント 水道法改正と水道行政の移管により、水道事業のマネジメントにどのような影響があるのか。

官民連携手法と民間事業者の役割

PFI （コンセッション方式）	民間が資金調達	設計・建設 ＋ 運転・維持管理 ＋ 料金設定・収受	経営ノウハウの活用	20年以上が 一般的
PFI（従来方式）		設計・建設 ＋ 運転・維持管理	資金調達	20年程度
DB 又は DBO 方式		設計・建設 ＋ 運転・維持管理	民間の技術力	5～20年程度
一般的な業務委託 （個別・包括） 水道法による第三者委託		運転・維持管理		3～5年が 一般的

※令和4年度全国水道関係担当者会議資料を基に筆者作成

参考文献・関係法令

水道法

3 水道事業を取り巻く環境の変化①

✔ 水道の拡張整備を前提とした時代から既存の水道の基盤を確固たるものとしていくことが求められる時代に変化している。

① 老朽化の進行
高度経済成長期に整備された施設の経年化や老朽化が進行している。水道資産の大部分を占める管路では、管路更新などは進められているものの、更新率は減少から横ばい傾向となっており、法定耐用年数を超えた管路の割合も年々上昇している。

② 耐震化の遅れ
浄水施設、配水池の耐震化率、基幹管路の耐震適合率は高い値ではなく、広域的な大規模震災時には断水が長期化するリスクを抱えている。

参考文献・関係法令

令和元年度水道統計、令和４年度全国水道関係担当者会議資料（厚生労働省水道課）

水道事業の内部環境の変化としては、「①老朽化の進行」「②耐震化の遅れ」が挙げられる。

管路の経年化率と管路の更新率の推移

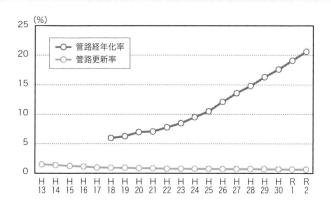

耐震適合率と耐震化率の推移

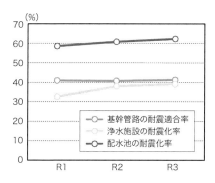

※令和4年度全国水道関係担当者会議資料を基に筆者作成

3 水道事業を取り巻く環境の変化②

③ 多くの水道事業者は小規模で経営基盤が脆弱

団塊世代職員の大量退職や行政組織の合理化のための人員削減の影響を受けて職員は減少し、技術の継承だけでなく、適切な資産管理や事業運営などの日常業務や危機管理対応にも支障をきたしている。

人口減少社会を迎え、経営状況が悪化する中で、水道サービスを継続できない状況も懸念される。

④ 計画的な更新のための備えが不足

全国の水道資産規模は40兆円を超え、これらの水道施設を更新していくためには膨大な費用と時間を要する。

約50％の水道事業者が給水原価が供給単価を上回っている状況（原価割れ）であり、計画的な更新に必要な資金を十分確保できていない。

ポイント

水道事業の内部環境の変化としては、「③多くの水道事業者は小規模で経営基盤が脆弱」「④計画的な更新のための備えが不足」が挙げられる。

上水道事業の料金回収率（供給単価÷給水原価）

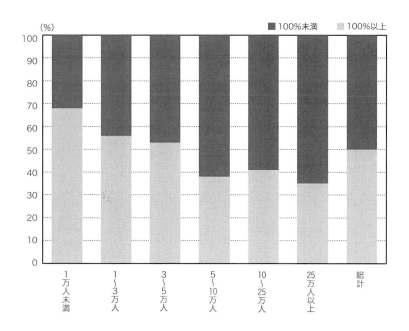

※令和4年度全国水道関係担当者会議資料を基に筆者作成

参考文献・関係法令

令和元年度水道統計、令和4年度全国水道関係担当者会議資料（厚生労働省水道課）

3 水道事業を取り巻く
環境の変化③

✔ 水道の拡張整備を前提とした時代から既存の水道
の基盤を確固たるものとしていくことが求められ
る時代に変化している。

① 人口や水需要の減少
　日本の人口の推移はすでに減少傾向に転じてお
り、水需要動向も減少傾向と見込まれ、有収水
量は2050年には現在よりも４割弱減少すると推
計されている。
　給水量の減少は直接的に料金収入の減少に繋が
るだけでなく、人口や給水量の減少を踏まえた
水道施設の再構築（ダウンサイジング：将来的
な事業効率の確保）は、都市化の程度に関わら
ず全ての水道事業者が将来直面する課題である。

② 様々なリスクの高まり
　甚大な地震や風水害等の自然災害の発生が増加
していることに加えて、水源の汚染、ダム等
の水資源開発施設での利水安全度の低下により、
水道事業に対するリスクは増加している。

ポイント 水道事業を取り巻く外部環境の変化としては、「①人口や水需要の減少」「②様々なリスクの高まり」が挙げられる。

近年の自然災害による水道施設の被害状況

	災害名等	発生時期	断水継続期間
主な地震による被害	阪神・淡路大震災	平成7年1月17日	約3ヶ月
	新潟県中越地震	平成16年10月23日	※約1ヶ月
	新潟県中越沖地震	平成19年7月16日	20日
	東日本大震災	平成23年3月11日	※約5ヶ月
	熊本地震	平成28年4月14・16日	※約3ヶ月半
	北海道胆振東部地震	平成30年9月6日	※34日
主な大雨等による被害	大雪等（北陸地方、中国四国地方）	平成30年1～2月	12日
	豪雨（広島県、愛媛県、岡山県等）	平成30年7月	38日
	台風第21号（京都府、大阪府等） 台風第24号（静岡県、宮崎県等）	平成30年9月	12日 19日
	房総半島台風（千葉県、東京都、静岡県）	令和元年9月	17日
	東日本台風（宮城県、福島県、茨城県、栃木県等）	令和元年10月	33日
	豪雨（熊本県、大分県、長野県、岐阜県等）	令和2年7月	56日
	大雨等（秋田県、山形県、新潟県、福井県等）	令和4年8月	18日
	台風第15号（静岡県）	令和4年9月	13日

※家屋等損壊地域、全戸避難地区、津波地区等を除く

※令和4年度全国水道関係担当者会議資料を基に筆者作成

参考文献・関係法令

水道統計、令和4年度全国水道関係担当者会議資料（厚生労働省水道課）

4 今日的な課題 （経営リソースの視点で）

✔ **「モノ」に関する課題**

ライフライン事業者として、発生が懸念される多様な危機に対処する適応力が必要となる。→「カネ」の積極的な投資が必要

大規模で広範囲に被害が及ぶ甚大な震災で、水道用資機材の調達に支障（サプライチェーンの寸断）が生じた場合には広域的な調達を可能にする事前の体制整備が必要である。→「ヒト」やそれによる組織の強化が必要

✔ **「カネ」に関する課題**

料金収入や財源が不足しており、安定した給水収益や投資財源の確保が必要となる。→「モノ」や「ヒト」の充実によるサービスの向上が必要

✔ **「ヒト」に関する課題**

特に小規模な事業体では、深刻な人員不足とそれに伴う組織の弱体化・技術の継承問題などを引き起こし、悪循環に陥っている。事業運営に不可欠で、組織の根幹となる「ヒト」の確保とそれによる組織の強化が必要となる。→「モノ」の充実による効率的な運用の実現や「カネ」の確保による事業運営体制の確立が必要

ポイント

公営企業（水道事業）の経営資源である「ヒト」「モノ」「カネ」には、マネジメントの視点での今日的な課題がある。

- -

経営リソースの関係

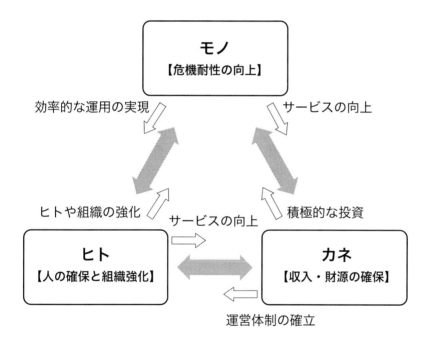

※筆者作成

参考文献・関係法令

水道統計、令和4年度全国水道関係担当者会議資料（厚生労働省水道課）

5 「モノ」に関するマネジメント

✔ **自然災害等に対する非常時対応能力の向上（危機耐性）**

想定外の事象が発生した場合でも、サービスが停止しないような性能（危機耐性）の確保として、水道システムの非常時対応能力を向上させる（事前対策）とともに、被害を受けた場合でも水道システムとしての応急対応（事後対策）を充実させる。

✔ **経年化、老朽化、劣化への対応**

水道施設の多くは更新時期を迎えており、アセットマネジメント（資産管理）による対応として、更新需要の把握、更新需要の平準化、更新財源の確保などが必要となる。
更新事業の検討においては、レベルアップ（耐震性能の向上、バックアップの確保等）、規模や能力の最適化（水需要の減少に合わせたダウンサイジング等）、マクロ的な視点での再編・再構築（広域化や共同化）についても検討する必要がある。

ポイント 水道事業のサービスを提供するために必要となる水道システム・水道施設を適切に管理することが、「モノ」のマネジメントの基本である。

更新需要と投資可能額のギャップの解消

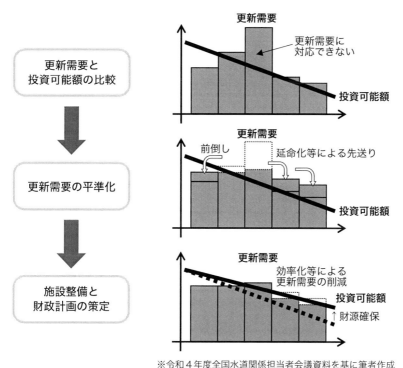

※令和4年度全国水道関係担当者会議資料を基に筆者作成

参考文献・関係法令

水道施設耐震工法指針、令和4年度全国水道関係担当者会議資料（厚生労働省水道課）

6 「カネ」に関するマネジメント

✓ **アセットマネジメント、経営戦略**
厚生労働省はアセットマネジメントの実践、総務省は経営戦略の策定により、長期的な見通しにもとづいた問題や課題を把握し、今、そして短期的に何を行わなければならないかを明確にし、計画等へフィードバックを求めている。
策定により完了するのではなく、PDCAサイクルにより運用し、水道事業経営に関する施策検討に活用することが重要である。

✓ **水道料金や料金制度の適正化**
水道事業の健全性を確保するためには、長期的な財政収支見通しを踏まえて水道料金の最適化（料金改定）の検討は必要である。
現在の料金制度（料金体系）の妥当性を検証したうえで、その見直しも必要となる。

✓ **資金の確保（財源の確保）**
施設整備に必要な資金を、水道料金収入をベースとした自己財源による現役世代の負担だけに頼るのではなく、企業債、補助金や交付金などの様々な財源を活用して、施設整備に必要な資金を確保することも重要である。

ポイント 水道事業を継続的に運営し、効率的・効果的な投資を実施するための水道事業会計の健全性を確保することが、「カネ」のマネジメントの基本である。

料金改定を行った事業者の推移

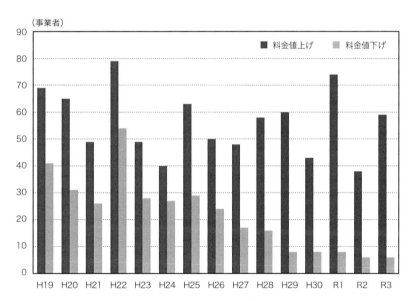

※令和4年度全国水道関係担当者会議資料を基に筆者作成

7 「ヒト」に関するマネジメント

✔ **人材確保、人材育成、組織力強化**
人材の確保は、広域化などの官との連携、官民連携など
の手法も取り入れる必要がある。
人材育成は、人材育成基本方針を策定しそれに基づいた
取組を継続することが重要である。
人材マネジメントや組織マネジメント、これらを包含し
た人事マネジメントの取組も必要である。

✔ **広域化、広域連携**
人材確保、人材育成の取り組み方法の一つとして、広域
的な視点での人員確保や人員配置の最適化が可能となる。

✔ **官民連携（公民連携）**
水道事業者と民間事業者のそれぞれが相互のパートナー
シップのもと、備えている技術・ノウハウを活かして連
携を推進し、サービス水準、需要者の満足度の維持・向
上を図ることが必要である。

ポイント
適切なサービスを提供するための組織や研修等の仕組みを構築し、求められる能力を有した人材を確保することが、「ヒト」のマネジメントの基本である。

ヒトや組織に関する課題と対応方策のイメージ

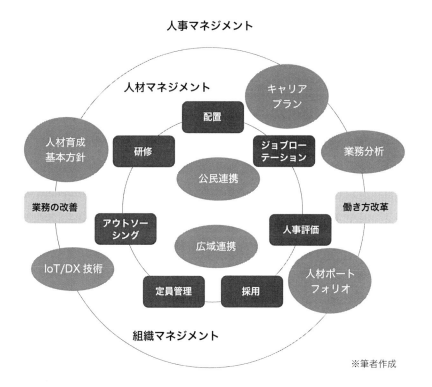

人事マネジメント

人材マネジメント

配置

キャリアプラン

研修

ジョブローテーション

人材育成基本方針

業務分析

公民連携

業務の改善

働き方改革

アウトソーシング

人事評価

IoT/DX 技術

広域連携

定員管理

採用

人材ポートフォリオ

組織マネジメント

※筆者作成

8 近い将来を想像して

✓ 経営資源である「ヒト」「モノ」「カネ」のマネジメントの基本的な考え方は、どの公営企業であっても同じである。

✓ サービスを提供するための「モノ」を適切に維持するためには「カネ」が必要であり、適切に運用するためには「ヒト」が不可欠である。

✓ 公営企業を継続させるための「カネ」を生み出すためにはサービスを提供するための「モノ」が不可欠であり、公営企業を適切に運営するための「ヒト」が必要である。

✓ 公営企業を運営するための「ヒト」を確保し、育成するためには「カネ」が必要である。

公営企業（水道事業）のマネジメントでは、近い将来を想像し、検討や取組を始める必要がある。

水道事業として近い将来考えなければならない事

地域の実情を考慮した水供給の在り方	宅配給水や移動式浄水処理装置の巡回など、従来の水道事業が行ってきた施設による供給とは異なる手法による衛生的な水の供給、つまり多様な手法による水供給についての検討も必要となる。
CPS/IoT 等の活用（スマートメーターなど）	自動検針や漏水の早期発見といった業務の効率化に加え、ビッグデータの収集・解析による浄水・送水・配水の最適化や故障予知診断などの付加効果の創出が見込まれることから、水道事業の運営基盤強化につながるといえる。
経済安全保障法制（サプライチェーンの強化）	『基幹インフラには様々な事業が存在し、その上、基幹インフラを提供する事業者は多様であり、事業者が個別に対応するだけでは非効率であるため、政府が指針等の形で基幹インフラ役務の安定的な提供の確保に関する基本的な考え方を示し、我が国として本制度に基づく措置を全体として整合性が取れた形で分野横断的に対応する必要がある。』とされている。

※筆者作成

参考文献・関係法令

「経済安全保障法制に関する有識者会議」の提言

Chapter 12

指定管理者制度の実際

滋賀大学　横山幸司

指定管理者制度の法的根拠

✅ 制度創設時は地方分権華やかな時代背景もあり、地方自治法上の条文が少なく、多くが地方自治体の運用に任されたために、今日、全国的に不適切な事例が頻発している。

✅ 制度が悪いとか、古いといった問題ではなく、制度を自治体職員、民間事業者ともに正確に理解していないことからのトラブルが多い。

✅ 指定管理者制度は、PPP（公民連携）の初歩的な手法であり、ここをクリアできない自治体はPFIも理解できない。

✅ 公民間に横たわる問題はPFIと共通しており、まずは指定管理者制度において適切な運用を身につけることが重要である。

指定管理者制度は、公の施設への民間活力導入、公民連携の代表的な手法である。制度の創設から20年が経ち、今日、事業者の選定から、その後の運用まで、様々な問題が出てきている。

地方自治法の規定（公の施設の設置、管理及び廃止）

地方自治法の一部改正により2003年6月13日公布、同年9月2日施行。
地方自治法（昭和22年4月17日法律第67号）第244条の2第3項から第11項に規定された。

第244条の2第3項
普通地方公共団体は、公の施設の設置の目的を効果的に達成するため必要があると認めるときは、条例の定めるところにより、法人その他の団体であつて当該普通地方公共団体が指定するもの（以下本条及び第二百四十四条の四において「指定管理者」という。）に、当該公の施設の管理を行わせることができる。

参考文献・関係法令

地方自治法第第244条の2第3項〜第11項

2 指定管理者制度の特徴

✓ 「指定行為」とは、「地方公共団体が一方的な意思表示により指定管理者を設置者に代わる公の施設の管理主体とする行為」である。「契約」ではなく「行政処分」である。

✓ 指定管理者制度は、事実行為としての管理のみではなく、一定の権力的行為「使用許可」等も委ねられている。

✓ ただし、この管理業務は、公物警察権や強制徴収権など首長に帰属する公権力行使以外の「定型的で権力性が薄い行政処分」すなわち、「使用許可、取り消し、退去命令」などに限られる。

✓ 「使用料の強制徴収、過料の賦課、目的外使用許可、不服申し立てに対する決定、不正使用者の強制排除」などは指定管理者が行うことは出来ない。

✓ 指定管理者は、条例で定められた範囲内で、自ら利用料金を定めることが出来る。利用料は、指定管理者の私法上の債権として収入となる。

✓ 減免も可能であるが、本来、自治体の責任で設定すべきものである。

指定管理者制度の特徴は、大きくは次の3点である。①「指定」による包括的な委託、②指定管理者が使用許可を行うことが出来る、③利用料金制を採ることが出来る。

指定管理者制度の特徴

指定により**公の施設**の**管理権限**を当該指定を受けた者に委任するもの。

指定管理者は**事実行為としての管理**のほか、行政処分に該当する**使用許可**を行うことができる。

指定管理者は、条例に定められた枠組みの中で、利用者からの料金を自らの収入として収受することが出来る。（＝利用料金制）

3 業務委託・管理委託との違い

✓ **受託主体**
「業務委託」では、限定なし。ただし、長や議員についての禁止規定あり。「管理委託」では「公共団体、公共的団体、政令で定める出資法人（1／2以上出資等）」に限定されていた。「指定管理者制度」では、「法人その他の団体」。法人格は必ずしも必要ではない。ただし、個人は不可。

✓ **法的性格**
「業務委託」は「私法上の契約関係」。「管理委託」は、「公法上の契約関係」。「指定管理者制度」は「管理代行」。

✓ **公の施設の管理権限**
「業務委託」「管理委託」は、設置者たる地方公共団体。「指定管理者制度」では、指定管理者。

✓ **公の施設の使用許可等**
「業務委託」「管理委託」では、受託者は行うことができない。「指定管理者制度」では、指定管理者が行うことができる。

✓ **利用料金制度**
「業務委託」では採用できない。「管理委託」「指定管理者制度」では、採用することができる。

✓ **損害賠償**
「業務委託」では、地方公共団体の責務（国家賠償法第2条第1項）。「管理委託」や「指定管理者制度」では、原則は地方公共団体の責務であるが、管理受託者・指定管理者の責めに帰すべき事由による場合は、地方公共団体は求償権を有する（国家賠償法第2条第2項）。

ポイント

「指定管理者制度」は「管理権限」や「利用料金制度」の他、「受託主体」や「法的性格」等多くの点で従来の「業務委託」や「管理委託」と異なる。

業務委託・管理委託との違い

	業務委託	管理委託（従来）	令和12年3月
受託主体	限定なし ※長、議員についての兼業禁止規定あり（地方自治法92条の2、142条）	公共団体、公共的団体、政令で定める出資法人（1/2以上出資等）に限定	法人その他の団体 ※法人格は必ずしも必要ではない。ただし、個人は不可
法的性格	「私法上の契約関係」 契約に基づく個別の事務または業務の執行の委託	「公法上の契約関係」 法的性格条例を根拠として締結される契約に基づく具体的な管理の事務または業務の執行の委託	「管理代行」 「指定」（行政処分の一種）により公の施設の管理権限を指定を受けた者に委任するもの
公の施設の管理権限	設置者たる地方公共団体が有する	設置者たる地方公共団体が有する	指定管理者が有する ※「管理の基準」や「業務の範囲」は条例で定める。具体的な内容は「協定」で定める。
公の施設の使用許可等	受託者はできない	受託者はできない	指定管理者が行うことができる
利用料金制度	採ることができない	採ることができる	採ることができる
損害賠償	市の責務（国家賠償法第2条第1項）	市の責務。ただし、管理受託者の責めに帰すべき事由による場合は、市は求償権を有する（国家賠償法第2条第2項）	市の責務。ただし、指定管理者の責めに帰すべき事由による場合は、市は求償権を有する（国家賠償法第2条第2項）

4 指定管理者制度の沿革

✔ 1963年改正…第244条「公の施設」に第244条の2第3項を追加して、「普通地方公共団体は、公の施設の設置の目的を効果的に達成するため必要があると認められるときは、その管理を公共団体又は公共的団体に委託することができる。」とした。「公共団体」とは「地方公共団体、公共組合、営造物法人」など。「公共的団体」とは「農業協同組合、商工会議所、赤十字社、青年団、婦人会、学校法人、町内会、自治会」などである。

✔ 1991年改正…第244条の2第3項を改正して、「普通地方公共団体は、公の施設の設置の目的を効率的に達成するため必要があると認めるときは、条例の定めるところにより、その管理を普通地方公共団体が出資している法人で政令で定めるもの又は公共団体若しくは公共的団体に委託することができる。」とした。「法人」とは「普通地方公共団体が資本金、基本金等を二分の一以上出資している法人」あるいは「出資の状況、職員の派遣の状況等普通地方公共団体との関係からみて支障が無く自治省令で定めるもの」。いわゆる地方公共団体の外郭団体のこと。
指定管理者制度にも引き継がれた「利用料金制の導入、管理受託者の料金決定、地方公共団体の報告徴求、調査、指示権」が定められた。

✔ 2003年改正…第244条の2第3項から第11項が改正され、指定管理者制度が創設された。

> **ポイント** 指定管理者制度は、いきなり創設されたわけではなく、何度かの地方自治法の改正を経て辿り着いた制度である。それゆえに、従来の委託との差異が正しく認識されず、混乱を生じているケースが見られる。

地方自治法改正の変遷

地方自治法
第244条
（公の施設）

1963年改正
第244条の2
第3項

1991年改正
第244条の2
第3項

2003年改正
指定管理者制度
第244条の2
第3項〜11項

その管理を
公共団体または
公共的団体に
委託することが
可能

普通地方公共団体が
資本金、基本金等を
二分の一以上を
出資している法人に
拡大

あらゆる**「法人
その他の団体」**に
対して管理を行わ
せることが可能

5 指定管理者制度業務の流れ

✔ 指定管理者制度は、通常、導入検討→設置管理条例の改正（議決）→公募（募集要項、仕様書の作成）→候補者選定（選定委員会の開催）→指定管理者の指定、債務負担行為（議決）→指定管理者との協定締結（協定書の作成）→指定管理者による管理運営→定期的なモニタリング→指定期間終了、引き継ぎ、という流れで行われる。

✔ 制度創設から20年が経ち、これらの各フェーズにおいて、様々な問題が指摘されてきている。

✔ 指定管理者制度は法律に細かく規定せずに、実際の運用面は自治体の裁量に委ねられている面が大きいことが要因にある。

✔ しかし、常識的に考えれば、適切な運用は難しいことではない。各フェーズで、しっかりと検討することが重要である。次節以降、各フェーズの主な留意点を挙げていく。

ポイント 制度創設から20年が経ち、惰性的に選定や運用がされている例が少なくなく、公民間でトラブルも生じている。原点に立ち返って各フェーズで適切な検討を行うべきである。

指定管理者制度業務の流れ

```
導入検討
  ↓
設計管理条例の改正
（議決）
  ↓
公募
（募集要項、仕様書の作成）
  ↓
候補者選定
（選定委員会の開催）
  ↓
指定管理者の指定、
債務負担行為（議決）
  →

指定管理者との
協定締結
  ↓
指定管理者による
管理運営
  ↓
定期的なモニタリング
  ↓
指定期間終了
引き継ぎ
```

6 各フェーズにおける留意点①

✓ **政策的な見地からの検討**

例えば、観光施設であれば、当該自治体の観光政策の中で、当該施設がどのような役割を果たすのか。

行政が政策を考えずに、民間事業者にそれを求めるような募集要項等が見受けられるが、お門違いというべきである。

✓ **財政的見地からの検討**

特に費用対効果の面から、指定管理者制度導入にメリットがあるのかどうかを検討することである。しかし、単なるコストカットを目的にするのは間違いである。

定量的な評価だけでなく、数字では表せない地域への好影響など定性的な評価も合わせて検討すべきである。

✓ **民間事業者側の視点に立った検討**

当該施設を拠点に展開する政策分野に対して民間事業者側からの需要はあるのか。

行政側が当該施設を民間に委ねたいと思っても、民間事業者にとって魅力のある市場でなければ民間事業者は参入しない。

行政は、健全な競争条件のもとに、責任ある企業が参入できる環境をつくることが重要である。

ポイント

最初に、当該施設に指定管理者制度を導入すべきかどうかという検討が必要である。代表的な視点としては、①政策的な見地からの検討、②財政的見地からの検討、③民間事業者側の視点に立った検討が挙げられる。

導入時の留意点

政策的検討

例えば、当該自治体の観光政策の中で、当該施設がどのような役割を果たすのか

↑民間事業者に求めるのはお門違い

財政的検討

費用対効果の面から、指定管理者制度導入にメリットがあるのか

↑単なるコストカットを目的にするのは間違い

民間事業者側からの検討

需要はあるのか、参入する環境にあるのか

↑健全な競争条件のもとに、責任ある企業の参入を
　求めるべき

6 各フェーズにおける留意点②

✔ 公共施設マネジメントからの検討
そもそも、当該施設は統廃合あるいは複合化等の余地はないのか。指定管理者制度を導入する以前に公共施設マネジメントを検討すべき。方針が決まったならば、それに合わせて設置管理条例を改正していく必要がある。

✔ 適切な形態の検討
そもそも指定管理者制度導入が適切なのか、委託あるいは直営が適切ではないのか。指定管理者制度にそぐわないような施設にまで指定管理者制度を導入している例が少なくない。

同様に、「非公募」という形で当該自治体の外郭団体や「○○協会」などの公共的な団体が指定管理者に指定されている例も多く見受けられるが、健全な競争原理が働かないのであれば指定管理者制度を導入する意味は薄れる。

✔ 設置目的の再検討
指定管理者制度導入にあたり、現行のままの設置目的でよいのか検討する必要がある。民間事業者のスキル・ノウハウを生かすためには、従来の設置目的を修正する必要も出てくる。時代に即した柔軟な改正を行うべきである。

次に検討すべき点は設置管理条例の改正が必要かどうかである。代表的な視点としては、①公共施設マネジメントからの検討、②適切な形態の検討、③設置目的の再検討が挙げられる。

設置管理条例改正時の留意点

公共施設マネジメントからの検討
そもそも、当該施設は統廃合あるいは複合化等の余地はないのか

適切な形態の検討
指定管理者制度導入が適切なのか、委託あるいは直営が適切ではないのか

設置目的の再検討
指定管理者制度導入にあたり、現行のままの設置目的でよいのか

6 各フェーズにおける留意点③

✔ **行政と民間事業者の役割分担は明確に整理できているか**

指定管理事業と自主事業の区別やリスク分担にも比例する。指定管理者制度を導入すると、あたかも行政は一切関与しないというような態度の自治体が見受けられるが、自治体の政策に従って指定管理者が事業を行うだけであり、自治体の責任がなくなるわけではないことを忘れてはならない。

✔ **募集要項・仕様書が、民間事業者にとって魅力ある内容になっているか**

指定管理者の固定化は募集要項・仕様書の固定化にもその一因があると考えられる。

✔ **上記に比例して、募集要項・仕様書が、新規参入を可能にする内容になっているか**

新しい内容が盛り込まれれば、既存の指定管理者も新しい努力をしなければならず、新規参入を狙う事業者にも参加してみようかというインセンティブにつながる。

制度導入時から全く募集要項が変わっていない例も見受けられるが、新規参入を促すためには、民間事業者から選ばれる自治体にならなくてはならない。そのためにも募集要項は重要である。

公募時の留意点

募集要項・仕様書の検討①
行政と民間事業者の役割分担は明確に整理できているか

募集要項・仕様書の検討②
民間事業者にとって魅力ある内容になっているか

募集要項・仕様書の検討③
時代に応じた、新規参入を可能にする内容になっているか

6 各フェーズにおける留意点④

✔ 選定委員会のメンバーは適切か

まったく専門家が欠如している例が多い。利用者を代表する住民なども一員に加えることはあってもいいが、地方自治・指定管理者制度の専門家（大学教員等）のほか、弁護士などの法律の専門家や公認会計士・税理士などの会計の専門家などは必須である。

✔ 選定委員会の運営に関する問題

例えば、委員間でプレゼン審査前に情報共有がされておらず、審査が混乱したという例や、当該自治体の情報公開制度を優先したとの理由で、事業者のプレゼンが公開されてしまい、傍聴者として出席していた競合相手の事業者に情報が筒抜けになったという例もある。全庁的な運営のルールを徹底すべきである。

✔ 評価方法に関する問題

適切な評価方法になっているか。例えば、委員の評価点数の合計や平均ではなく、委員間の協議で決定するというような決定方法を採っている例も見受けられるが、協議というのは、極力避けて、点数で自動的に算出されるなど一目瞭然とするべきである。委員間で恣意的に決定されたような疑惑を持たれかねないからである。

指定管理者の選定は、明確に説明責任が果たせるように、合理的・科学的な評価基準と評価方法が肝要である。選定委員会は重責であるため、適切な人選が肝要である。

選定時の留意点

選定委員会委員の問題
選定委員会のメンバーは適切か

ex. 専門家の欠如、情報共有の欠如

選定委員会の運営に関する問題
適切な委員会運営となっているか

ex. 情報公開との関係、過度な資料作成等の負担

評価方法に関する問題
適切な評価方法になっているか

ex. サマリーの未作成、協議制の問題

6 各フェーズにおける留意点⑤

✅ 協定の内容

その根幹を成すのは、指定管理事業・自主事業、比例して指定管理料・利用料金に関する取り決めである。こうした基本的な用語の定義を明確にし、それぞれの事業の範囲とそれに伴う財源を明確にしておくことが必須である。

✅ リスク分担

リスクには様々なものがある。例えば、金融変動リスク、物価変動リスク、経済環境変動リスク、住民対応リスク、第三者賠償リスク、施設瑕疵リスク、債務不履行リスクなどがある。リスク分担とは、これらのリスクに対して、行政と指定管理者（民間事業者）のどちらが第一義的に対応するのか、責任はどちらにあって、費用はどちらが負担するのか等を予め決めておくことである。

補償だけでなく逆に指定管理者の責任で、指定期間前に撤退するような場合のペナルティも定めておく必要がある。

✅ 協議条項

「…に特別の定めのない事項については、その都度、市及び指定管理者の協議の上、これを定めるものとする。」といった「協議条項」は協定書に必ずあるが、曖昧な協議条項はトラブルの元である、なるべく議論を尽くして協定書に定めるべきである。

ポイント 協定は、私法上の契約に相当するものであり、極めて重要である。なるべく曖昧な表現は避け、リスク分担においても、考えうる限り、具体的に定めるべきである。

協定締結時の留意点

協定の内容に関する検討
指定管理事業・自主事業の範囲、指定管理料・利用料金について

リスク分担に関する問題
コロナ禍で多くの自治体で露呈　補償やペナルティの考え方

"協議事項"に関する問題
曖昧な協議事項はトラブルの元

6 各フェーズにおける留意点⑥

✅ 指揮命令権

行政が指定管理者の職員に直接命令することはできない。この問題が一番露呈するのは、災害時である。災害時において、公務員ではない一民間事業者である指定管理者がどこまで、責任を負わなくてはいけないのか、役割分担を取り決めておく必要がある。一般的には、災害発生時の初期の救援や救護までが指定管理者の役割であって、その後の救護、施設の停止や復旧は自治体の責任と考えるのが相当と言える。

✅ 維持修繕費

よくあるのが「1件30万円未満程度の少額の修繕は指定管理者の負担とする」というような協定である。この1件とはどのように解釈してよいのか、30万円未満の根拠が不明などの理由から、トラブルになる例も少なくない。基本的に施設の整備は自治体の責任である。

✅ 損害賠償

地方公共団体と指定管理者間でそれぞれ債務不履行があったような場合は、それぞれ相手方に対して、民法の規定により損害賠償を請求することができる。一方、公の施設の利用者等に対する賠償責任としては、国家賠償法1条、2条が適用される。

ポイント 管理運営時の問題で代表的なものには、①「指揮命令権」に関すること、②「維持修繕費」に関すること、③「損害賠償」に関することがある。基本的な考え方を身につけていれば決して難しい問題ではない。

管理運営時における留意点

指揮命令権に関する問題

行政が指定管理者の職員に直接命令はできない。災害時の施設の停止や復旧は自治体の責任。

維持修繕費に関する問題

どこまでが維持修繕費であるのか、リスク分担と同様に整理が必要。施設の整備は自治体の責任。

※悪い例：1基数百万円の EV を修繕費で事業者に求めた自治体あり。

責任の所在に関する問題

国家賠償法1条、2条の適用対象。管理責任は指定管理者にあるが、所有者責任は自治体。
クレーム処理も適切な役割分担が肝要。

6 各フェーズにおける留意点⑦

✔ モニタリングには３種類ある…①指定管理者による自主的モニタリング、②地方公共団体（施設所管課）によるモニタリング、③第三者によるモニタリング（外部評価・監査）である。

✔ 地方公共団体は、仕様書、協定書、リスク分担表等に基づいて適切なモニタリングを行う必要がある。仕様書、協定書、リスク分担表に無いような項目を指定管理者に求めるのは間違いである。逆に、定めがあるのに守られていないものは、改善を要求しないといけない。

✔ モニタリングが行われていない自治体もある。比例して、モニタリングシート（評価シート）が整備されていない自治体や指定管理者評価委員会などの体制が整備されていない自治体も多く見受けられる。

✔ 理想は、各課任せにせず、行革担当課が全庁的に定期的なモニタリングを主導することが望ましい。内部のモニタリングに留まらず、指定管理者選定委員会と同様に外部の地方自治や法律、会計などの専門家による外部評価（監査）を行うことが望ましい。

ポイント モニタリングは、ただ、仕様書どおりに実施されているかだけではなく、指定管理者（事業者）の経営状況もチェックすることが重要である。それには外部の専門家を入れた評価委員会を設置することが望ましい。

モニタリング時の留意点

指定管理者による自主的モニタリング、地方公共団体（施設所管課）によるモニタリング、第三者によるモニタリング（外部評価・監査）がある

地方公共団体は、仕様書、協定書、リスク分担表等に基づいて適切なモニタリングを行う必要がある。

地方公共団体（施設所管課）のみならず、専門的な見地から外部評価・監査を行うことが望ましい。

6 各フェーズにおける留意点⑧

☑ 最初の「協定締結時」にこそ、しっかりと期間終了時の「原状回復」やその後の「事務の引き継ぎ」などについて、行政と指定管理者間で詰めておくことが重要。

☑ 事業者の知的財産として保護すべき項目は保護した上で、情報公開すべき項目は何かということを最初から整理し、引き継ぐことを協定に定めておくことが重要。

☑ こうした、「期間終了、引き継ぎ時」に行うべきことをしっかり行うことが、当該自治体の信頼度を高め、民間事業者の健全な競争、新規参入を促すことにもつながる。

ポイント 指定管理者制度は、選定して運用すればお終いではない、期間終了後、引き継ぎ時が重要である。特に事業者の更新があった場合の引継項目等を明確にしておく必要がある。

- -

期間終了、引き継ぎ時の留意点

最初の協定締結時に、しっかりと原状回復や事務の引き継ぎについて、行政と指定管理者間で詰めておくことが肝要。

その際、知的財産として保護すべき項目と情報公開すべき項目の整理をしておくことが肝要。

上記のことをしっかり行うことが、健全な競争、新規参入を促すことにつながる。

Chapter 13

PFIの実際

滋賀大学　横山幸司

1 PFI の法的根拠と沿革

✅ 2001（平成13）年、2005（平成17）年…行政財産の貸し付けを可能とするなど、公共施設と合わせた民間収益事業として土地開発まで認めた。

✅ 2011（平成23）年改正…「公共施設等運営権」（いわゆるコンセッション方式）の導入。空港や水道といった公益サービスの事業において、民間事業者が一般利用者に直接サービスを提供し、独立採算で事業を実施する権利を付与するというもの。PFI事業のスキームを大きく広げた。

✅ 2013（平成25）年、2015（平成27）年、2018（平成30）年…「公共施設等運営権」の推進が主な内容であった。平成30年改正の「水道事業への公共施設等運営権」導入は、大きなニュースにもなった。

✅ 2022（令和4）年改正…PFI事業の対象となる公共施設等の定義に、「スポーツ施設」及び「集会施設」が明記された。公共施設等の管理者等が必要があると認めるときは、当該実施方針の変更をすることができることなどが追加された。

ポイント 1999年に、「民間資金等の活用による公共施設等の整備等の促進にかかる法律」(PFI法)が制定されて以来、数次の改正を経て、今日に至っている。PFIは、今後も改正を重ねながら、より良い公民連携の形を模索していくものと思われる。

PFI法改正の変遷

第1次改正
(2001・平成13年)

第2次改正
(2005・平成17年)

第3次改正
(2011・平成23年)

第4次改正
(2013・平成25年)

第5次改正
(2015・平成27年)

第6次改正
(2018・平成30年)

①行政財産の貸し付け

②土地の貸借権の移転

③特定施設のための土地の貸し付けを可能とした

①公共施設等運営権（コンセッション）を導入

②PFI推進機構を設置

③公共施設等運営権者への公務員の派遣を可能とした

①水道事業への公共施設等運営事業を導入

参考文献・関係法令

民間資金等の活用による公共施設等の整備等の促進にかかる法律(PFI法)

2 PFIの導入状況①

- ✅ 2021（令和4）年3月末で、累計で932の事業が実施されている。制度が始まった1999（平成11）年時にはわずか3件だったのに比べれば隔世の感がある。

- ✅ 単年度でも58件の事業件数があり、2015（平成27）年度以降は少しずつだが右肩上がりとなっている。

- ✅ コンセッション方式も累計で46件まで増えてきている。

- ✅ 比例して、契約金額も累計で74,283億円となっており、こちらも、少しずつ契約金額が積みあがってきている。

- ✅ 内閣府はアクションプランを策定し、ローカルPFIやスモールコンセッションに注力していく方向である。

参考文献・関係法令

内閣府民間資金等活用事業推進室Webサイト「PFI事業の実施状況について」（R4.3.31時点）

ポイント 劇的にではないが、着実にPFI事業は増加している。比例して、コンセッション事業も少しずつだが、増加している。今後は、ローカルPFI、スモールコンセッション等の増加が期待される。

PFI事業実施状況の推移

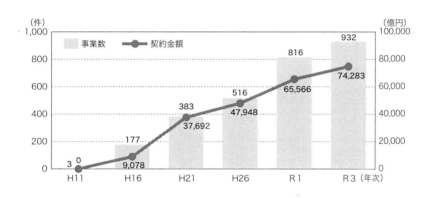

コンセッション事業数の推移

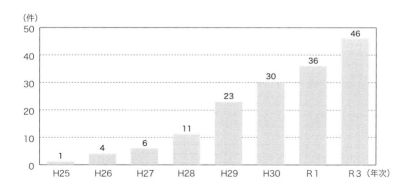

2 PFIの導入状況②

✔ 分野別の実施方針公表件数（累計）では、教育と文化（社会教育施設、文化施設等）34.3％、まちづくり（道路、公園、下水道施設、港湾施設等）25.0％、健康と環境（医療施設、廃棄物処理施設、斎場等）14.7％、庁舎と宿舎（事務庁舎、公務員宿舎等）8.0％、産業（観光施設、農業振興施設等）3.3％、安心（警察施設、消防施設、行刑施設等）2.8％、生活と福祉（福祉施設等）2.7％、その他（複合施設等）9.1％となっている。

✔ 教育と文化（社会教育施設、文化施設等）でPFI導入が進んでいることが分かる。

✔ 一方、その他（複合施設等）も増えてきており、今後も複合施設での導入が増えると予想される。

ポイント

従来は、教育と文化（社会教育施設、文化施設等）でPFI導入が進んできたが、公共施設の複合化により、PFI事業においても複合施設の案件が多くなることが予想される。

分野別実施方針公表件数の割合

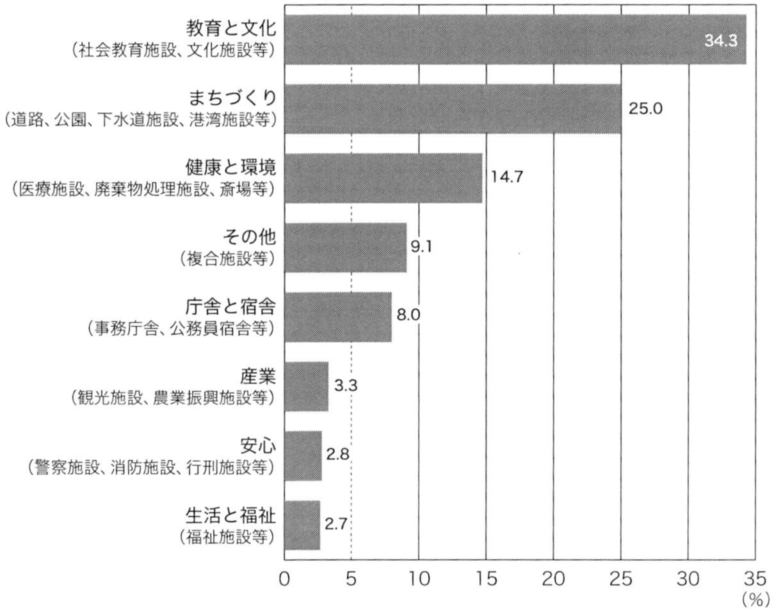

教育と文化
（社会教育施設、文化施設等）
34.3
まちづくり
（道路、公園、下水道施設、港湾施設等）
25.0
健康と環境
（医療施設、廃棄物処理施設、斎場等）
14.7
その他
（複合施設等）
9.1
庁舎と宿舎
（事務庁舎、公務員宿舎等）
8.0
産業
（観光施設、農業振興施設等）
3.3
安心
（警察施設、消防施設、行刑施設等）
2.8
生活と福祉
（福祉施設等）
2.7
0
5
10
15
20
25
30
35
（%）

参考文献・関係法令

内閣府民間資金等活用事業推進室Webサイト「PFI事業の実施状況について」（R4.3.31時点）

3 PFI の特徴

✓ **契約形態**

従来手法（公共工事）では、設計、建設、維持管理・運営の業務について、公共が自ら行うか、または個別に民間事業者に分割発注して事業を実施していたが、PFI手法では、公共は、企画、計画、モニタリングに特化し、設計から運営までの業務については一括して民間事業者が実施する。

✓ **発注方法**

従来手法（公共工事）では、分割発注、仕様発注、短期契約だが、PFI手法では一括発注、性能発注、長期契約である。

✓ **リスク分担**

従来手法（公共工事）では、原則、公共がリスクを負担するが、PFI手法では、官民間の契約でリスクを分担する。

✓ **資金調達**

従来手法（公共工事）では、一般財源、補助金、起債等により公共が調達するが、PFI手法では、事業費の一部または全部について民間事業者が調達する。

PFI の大きな特徴は、①民間資金調達、②一括発注、③性能発注、④長期契約の4点である。

従来手法（公共工事）と PFI 手法の違い

項目	従来手法（公共工事）	PFI 手法
契約形態	設計、建設、維持管理・運営の業務について、公共が自ら行うか、または個別に民間事業者に分割発注して事業を実施	公共は、企画、計画、モニタリングに特化し、設計から運営までの業務については一括して民間事業者が実施
発注方法	分割発注、仕様発注、短期契約	**一括発注、性能発注、長期契約**
リスク分担	原則、公共がリスクを負担	官民間の契約でリスク分担
資金調達	一般財源、補助金、起債等により公共が調達	事業費の一部または全部について**民間事業者が調達**

参考文献・関係法令

民間資金等活用事業推進機構「自治体担当者のための PFI 実践ガイドブック」（中央経済社、2019）

4 PFI 導入の効果

✅ **民間資金調達**
PFI手法では、民間が資金を調達し、割賦払いも可となるため、計画的に建設その後の修繕を行い、財政を平準化することができる。

✅ **一括発注**
PFI手法では、通常、SPC（特別会社）に一括発注するため、行政職員の負担が軽減される。

✅ **性能発注**
PFI手法は、発注者が求める構造物等の性能を規定し、その性能を満足することを要件として発注する性能発注である。比例して入札方式も事業者の提案内容が評価される要素が大きい、総合評価一般競争入札、公募型プロポーザル方式が主であるため、公共サービスの向上が期待される。

✅ **長期契約**
指定管理者制度でさえ、5年ほどの指定管理期間だが、PFI手法では15年以上の運営期間が主である。それだけ、計画的な事業の展開が期待される。一方、事業者を選定する際の自治体側の審査能力、運営開始後のモニタリング能力も一層問われる。

ポイント 先の PFI の4つの大きな特徴すなわち、①民間資金調達、②一括発注、③性能発注、④長期契約に比例した効果が期待される。

PFI 導入の効果

民間資金調達

従来手法（公共工事）では初期に膨大な費用。運営期間中にも修繕費用。PFI 手法では、民間が資金を調達し、割賦払いも可。計画的な建設・修繕により財政を平準化できる。

一括発注

従来手法（公共工事）では設計・建設・維持管理・運営など分割発注。PFI 手法では、通常、SPC（特別会社）に一括発注により、行政職員の負担が軽減される。

性能発注

従来手法（公共工事）では、仕様書に基づく発注が主。（一般競争入札が主。）PFI 手法は要求水準を満たしていれば、あとは民間事業者の提案の余地が大きい。（プロポーザル方式が主。）

長期契約

指定管理者制度でさえ、5年ほどの指定管理期間。PFI 手法では15年以上の運営期間が主。それだけ、計画的な事業の展開が期待される。

5 PFIの類型

✔ 「事業費の回収方法による分類」
① サービス購入型…公共サービスの提供に対して、公共（発注者）から支払われるサービス対価によって事業費を回収する型。
② 独立採算型…公共サービスの提供に対して、利用者からの利用料金収入や付帯事業収入のみで事業費を回収する型。
③ 混合型…サービス購入型と独立採算型を合わせたもので、公共からのサービス対価と利用者からの利用料金収入等で事業費を回収する型。

✔ 「施設所有形態による分類」
B =Build（建設）、T =Transfer（所有権移転）、O =Operate（運営）、O =Own（所有）、R =Rehabilitate（修繕）の頭文字を取って、① BTO、② BOT、③ BOO、④ BT、⑤ RO、⑥コンセッションの6つの事業方式に分けられる。
① BTO方式…建設は民間だが、完成時に公共に所有権を移転し、運営は民間が行う。我が国では最も採用されている。
② BOT方式…BTO方式と同じく建設は民間だが、事業終了時に公共に所有権を移転するまで民間が所有し、運営も行う。
③ BOO方式…民間が建設し、その後もずっと民間が所有、運営する方式。
④ BT方式…民間が建設し、完成時に公共に所有権を移転する方式。
⑤ RO方式…民間が修繕を行うもの。所有権は公共のまま。
⑥ コンセッション方式…所有権は公共にあるが、公共施設等運営権を設定し、運営期間中の建設、修繕、管理運営の一切を民間事業者に委ねるもの。

PFIの類型には、「事業費の回収方法による分類」と「施設所有形態による分類」がある。

事業費の回収方法による分類

事業類型	事業費回収方法（民間事業者の収入）	主な対象施設の例
サービス購入型	公共サービスの提供に対して、公共（発注者）から支払われるサービス対価によって事業費を回収	庁舎、学校施設、給食センター、公営住宅など
独立採算型	公共サービスの提供に対して、利用者からの利用料金収入や付帯事業収入のみで事業費を回収	空港、有料道路、上水道、駐車場など
混合型	サービス購入型と独立採算型を合わせたもので、公共からのサービス対価と利用者からの利用料金収入等で事業費を回収	博物館、美術館、体育館、音楽ホール、複合公共施設など

施設所有形態による分類

事業方式	建設	施設所有	備考
BTO	民間	公共（完成時に所有権移転）	不動産（建物）を含む事業、最も一般的
BOT	民間	民間（事業終了時に公共に所有権移転）	機械設備等を含む場合が多い
BOO	民間	民間	
BT	民間	公共（完成時に所有権移転）	公営住宅で多い
RO	民間（修繕）	公共（公共所有の既存施設）	大規模改修時の事業
コンセッション	－	公共	公共施設等運営権を設定

6 PFI 業務の流れ

✅ PFI 事業は、通常、事業の発案→事業内容の具体化と事業手法検討→基本スキームの検討→特定事業の選定→事業者の募集・選定→事業契約等の検討→事業の開始→事業の終了のプロセスで行われる。

✅ PFI 事業では、特に「導入可能性調査」に注力されることが多い。

✅ かつては、全プロセスが長期間にわたるイメージがあったが、近年は簡素化が進んでいる。

基本的には指定管理者制度の業務の流れに近い。公民間に横たわる問題はほぼ指定管理者制度と同じと言ってよい。

PFI 業務の流れ

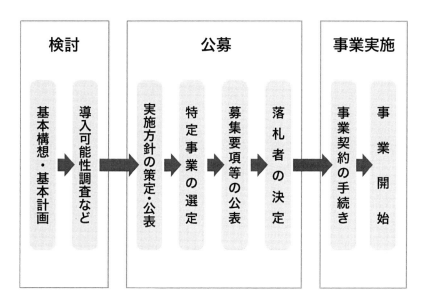

検討

- 基本構想・基本計画
- 導入可能性調査など

公募

- 実施方針の策定・公表
- 特定事業の選定
- 募集要項等の公表
- 落札者の決定

事業実施

- 事業契約の手続き
- 事業開始

参考文献・関係法令

民間資金等活用事業推進機構「自治体担当者のための PFI 実践ガイドブック」(中央経済社、2019)

内閣府民間資金等活用事業推進室「PPP/PFI 手法導入優先的検討規程策定の手引」(令和 4 年 9 月)

7 各フェーズにおける留意点①

✔ PFI事業の発案は、通常、上位計画（総合計画、公共施設等総合管理計画）の策定時や民間からの提案もしくは、各課が所管する公共施設やインフラのリニューアル検討時に発案される。

✔ しかし、自治体全体の経営の観点からではなく、各課任せになっているような例が多く見受けられる。

✔ 上位計画（総合計画、公共施設等総合管理計画）や関連計画との整合性も取られずに発案されるため、統括する部署が必要である。

✔ 全庁的なPFI事業導入検討のための指針が「優先的検討規程」である。

✔ 国（内閣府）は、令和3年に優先的検討規程を定めることが求められる地方公共団体を人口20万人以上の団体から人口10万人以上の団体に拡大した。

✔ 基本的には、人口規模に関係なく、公共施設やインフラのリニューアル時には、必ずPFI事業導入の可能性を検討すべきである。

ポイント PFI事業は、「優先的検討規程」に基づき、全庁的な経営の観点から発案されるべきであり、統括部署の設置が望ましい。

事業の発案時の留意点

上位計画（総合計画、公共施設等総合管理計画等）の策定時、民間事業者からの提案時、公共施設・インフラのリニューアル時に発案される。

しかし、これらの計画等とまったく整合性がなく、PFI事業が施設所管課に任せきりの例が見受けられる。

やはり、自治体経営全体の視点から、施設所管課に助言なり、支援を行う統括部署が必要。

7 各フェーズにおける留意点②

- ✓ 基本構想・基本計画の策定、公共アドバイザーの選定・業務委託、導入可能性調査の実施、事業手法の決定などがこの段階で行われる。

- ✓ 基本構想と基本計画は比例するものだが、基本構想策定時にPFI事業を想定せず、基本計画策定時になって、現実に直面し、慌ててPFI事業を想定し、基本構想からやり直すといった例が見受けられる。

- ✓ PFIの専門家などが策定委員会のメンバーに選任されていないことが多いからである。PFI事業の手法が実際に採択されるかは別として、PFI事業で行ったら当該事業はどうなるかといった想定はこの時点から検討すべきである。

- ✓ 公共アドバイザーの選定は、単に大手コンサルだから良いとか実績が多いから良いといった理由で選定するのではなく、当該事業に対して、的確なアドバイスができるのか、きめ細かい支援を行ってもらえるのかといった観点を重視して選任すべきである。

- ✓ 精度の高い導入可能性調査を行っている公共アドバイザーは信頼が置ける。VFMの積算が楽観的であったり、逆に厳しすぎるようなコンサルには注意が必要である。

基本構想・基本計画の策定段階から、PFI 手法を検討すべきであり、その任が担える策定委員会委員やアドバイザーを選任すべきである。

事業内容の具体化と事業手法検討時の留意点

基本構想時に、PFI を想定せずに、基本計画策定時になって、PFI 手法を採ることになり、構想からやり直す例もある。

公共アドバイザーの選任も大事。大手だからというだけでは不可。当該分野に精通したコンサルを専任すべき。

導入可能性調査が雑であったり、法務・財務が甘いコンサルには注意が必要。

7 各フェーズにおける留意点③

✔ 実施方針や要求水準書案の作成、それらに比例したモニタリング（評価）基本計画案、事業契約書案を作成していく。

✔ 指定管理者制度における募集要項や仕様書の作成と同じく、PFI事業における実施方針や要求水準書が、いかに当該施設を魅力的なものにするか、また、そこに多くの事業者が参入してもらえるかの鍵となる。

✔ 特に、PFI事業の運営期間は指定管理者制度の指定期間より長期にわたるため、実施方針や要求水準書の内容が極めて重要である。

✔ 同様に、長期間にわたるモニタリングの体制整備と、リスクが発生した場合の対応方針を予め、整備しておくことが重要である。

ポイント PFI事業は、魅力ある実施方針や要求水準書の作成が重要である。そして、指定管理者制度以上に長期間にわたる契約になることから、モニタリングやリスクマネジメントに対する体制整備も重要である。

基本スキームの検討時の留意点

実施方針、要求水準書案、モニタリング基本計画案、事業契約書案さらに言えば、選定時の評価表はすべて表裏一体で作成。

民間事業者にとって、いかに魅力的な事業となるかは、この実施方針等にかかっている。

長期にわたる視点と柔軟な視点の両方が必要。しかし、最初の方針が変更になる場合はその説明責任が問われる。

7 各フェーズにおける留意点④

- ✔ 特定事業を選定し、事業者の募集・選定に入っていく。

- ✔ 特定事業の選定とは、対象事業にPFI手法を導入して実施することが最適であると公共施設等管理者が最終的な判断を行うPFI法上の手続きのことである。

- ✔ 自治体は前述の導入可能性調査等の結果を踏まえ、当該施設へのPFI手法の導入が適切であることを議会や住民に説明する責任がある。

- ✔ 事業者の募集・選定も指定管理者制度と本質的には留意点が共通する。しかし、指定管理者制度は管理・運営からが対象であるが、PFI事業では施設の設計・建設からを対象となることが多いので、選定委員会の委員にはそうした分野の専門家も人選する必要がある。

- ✔ その際、事業者と委員が利益相反関係にないかを厳しく審査する体制整備や接触禁止規定の徹底が重要である。

ポイント PFI事業は、施設の設計、建設からを対象とすることも多いので、そうした分野の専門家を選定委員に人選することも重要である。同時に、委員が、事業者と利益相反関係にないかを厳しく審査する体制整備や接触禁止規定の徹底が重要である。

特定事業の選定、事業者の募集・選定時の留意点

特定事業はPFI事業を行うことの表明。議会や住民への説明能力が問われる。

選定委員会の人選が重要。その分野に精通した専門家が必須である。

同時に、選定委員が利益相反関係にないかを厳しく審査する必要がある。また疑惑を持たれない採点方法を採用すべきである。

7 各フェーズにおける留意点⑤

✅ 特に、リスク分担においては、長い運営期間の間には SPC（特別会社）の一角をなす事業者の経営が困難になり、撤退するなどのリスクも想定される。そうした場合の対応についても、できる限りの想定を行っておくことが肝要である。

✅ PFI事業においては、施設整備段階でのモニタリングと維持管理・運営段階でのモニタリングがある。SPCが自ら行うセルフ・モニタリング、自治体によるモニタリング、外部によるモニタリングが考えられる。また、SPCに融資を行う金融機関によるモニタリングもある。

✅ 近年は、以上のようなリスク分担やモニタリングの観点から、自治体と金融機関が締結する直接協定（ダイレクト・アグリーメント）も多くなってきている。

✅ 事業終了にあたっては、指定管理者制度以上に、解除要件の明確化や、事業契約終了時の検査、事業移管に関する手続き、施設移管に関する手続きの確保などが重要である。特に運営期間終了を待たずに、事業継続が困難となった場合のペナルティ等についての考え方も整理しておく必要がある。

基本協定の締結は極めて重要であり、行政と事業者の十分な協議が必要である。特に PFI 事業は長期間にわたる契約のため、モニタリングやリスクマネジメント、引継事項に関する協議がより重要である。

事業契約等の締結、事業の開始・事業の終了時の留意点

事業契約の根幹をなす基本協定は極めて重要。公民間の充分な協議が必要。

特にリスク分担。指定管理者制度以上に長期にわたるため、最悪、事業者の倒産も想定しておかないといけない。

モニタリングが肝要。セルフ・モニタリング・自治体モニタリング、外部モニタリングがあるが、ダイレクト・アグリーメントもある。

Chapter 14

アウトソーシングの
活用について

キャリアリンク株式会社　島　健人

1 外部活用の意義

✅ メリハリをつけた資源分配（戦略）を実現するため、また、環境の変化に対応するため外部利用は定着してきている。単純なコスト削減策や担い手不足を補うことを主眼とした外部活用から、目的に変化が生じ始めている。

✅ 人材難は長期化する。限られた資源を自組織の中核的な価値向上に直結するコア業務に振り向けることや、全社戦略を「得意なこと」や「組織の重要なミッションの達成」に先鋭化するための外部活用が最近のトレンド。

✅ 単純な担い手変更による賃金格差の利用だけでなく、専門技術やITの活用（業務改善や知見の吸収）、ニアショア（立地コストの変更）、シェアードなど様々な要素を組み合わせさせることで、安定化とコスト競争力が両立できる。

ポイント アウトソーシングの市場は年々上昇基調。リソースの有効活用を目的として、また、予測しづらい外部環境変化への対策として、ITの進化も相まって活用が拡大している。

外部活用の意義

コスト削減

変動費化

自社リソースのコア業務集中

コ・ラーニング（協働を通じた知見・技術レベルの向上）

2 組織をとりまく環境の変化

✅ 2023年より、上場企業でサステナビリティ、人的資本に関する開示義務が始まった。先行して大企業から推進され、取組みの深度によって人材の吸引力（人材獲得や留めておく力）に組織ごとの格差を生じさせる。

✅ 「クラウド」「デジタル」の進化は、仕事の標準化と単純労働の削減の方向性を示した。労働者の流動性は上昇し、プロセス見直しの機運は高まる。「人に仕事をはめる」従来型の業務の割当ては、組織の持続性を確保できない。

✅ 業務の可視化と標準化を進め、離合・代替が可能な疎結合型の仕事の在り方が求められる。同時に従業員を「コア業務（組織の重要目的達成に直結する業務）」にシフトする検討が求められる。

ポイント ホワイトカラーの生産性の進化が、市場からも労働者からも求められている。
組織の持続性確保に向け、ノンコアな仕事は自動化・外部化・共同化を進める必要がある。

文脈の変化

人口増
成長前提
中央集権
アナログ
オンプレミス
フルカスタマイズ
垂直統合
自前主義
出社・居る
メンバーシップ型
組織への依存
囲込み人事
：

人口減
安定・漸減
クラウド
デジタル
SaaS
標準仕様
水平分業
オープンイノベーション
リモート
JOB 型
個の自律
副業・兼業
：

- 労働者の流動性や希少性はさらに上がる
- 「意義」「価値」「ポータブルスキル」を労働者が意識
- より「コアな業務」「高い付加価値創出」へ
- 離合が可能な「疎結合型の仕事の在り方」へ

3 コア業務とは何か

✅ スマイルカーブは製造業のバリューチェーンに関する付加価値のモデルであるため、ホワイトカラーに単純な当てはめはできないが、考え方の整理に対する一定の指針にはなる。

✅ ホワイトカラーにおける、製造業にとっての「組立て製造」にあたるような、定型的な間接業務やオペレーション業務においては、自動化や多能化、外部化や大規模化を推進することが、付加価値向上に向けては肝要になる。

✅ 「保守」部分への取り組みが不足するケースが見受けられる。例えば、業務の棚卸し、マニュアル・基準の整備などの可視化作業の継続的実施。持続性の確保や改善活動の土台になるなど、全体の品質や生産性向上に大きく影響する。

✅ ノンコアと判定した業務を外部化するなどの措置をとったとしても、その業務に関する「企画」や「保守」活動にリソースを割くことが、ノウハウの継承やその業務全体の付加価値向上に役立つ。

自組織のミッション達成に直結する業務のうち、付加価値の高い仕事を強化することによって、強みを強化し課題解決を推進しやすくなる。

スマイルカーブをホワイトカラーに援用して考えてみる

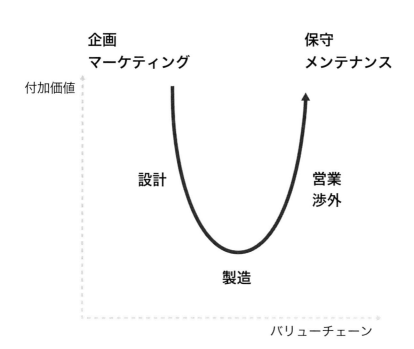

企画
マーケティング

保守
メンテナンス

付加価値

設計

営業
渉外

製造

バリューチェーン

4 何をアウトソーシングすべきか

✓ マネジメントを体系立てた経営学者のドラッカーは、「マネジメント以外はアウトソーシングできる」「強みは自社で行い、弱みはアウトソーシングせよ」と説いた。

✓ 一方で「必要な際はいつでも引き戻せるようにしなければならない」とも説いている。外部活用におけるノウハウ管理や継承の態勢確保（スマイルカーブでいうところの「保守」部分）の重要性を見逃してはならない。

✓ 大量処理（定型・付随）や管理・統制（定型・中核）などはシステム化が得意とするところであり、また、単純に、かつ小規模に労働力が必要なだけの場合、指揮命令を保持したまま派遣を利用するなど、各サービスの得意とする守備範囲を念頭において選択する必要がある。

✓ コア業務強化に向け、資源のリバランスを実現するための外部活用検討がより本質的な内容である。

ポイント 中核的業務（コア業務）⇔付随的業務、非定型⇔定型の２元で業務をプロットすることで、直営か外部かを判断する上で一定の指針となる。

リソース別守備位置の整理

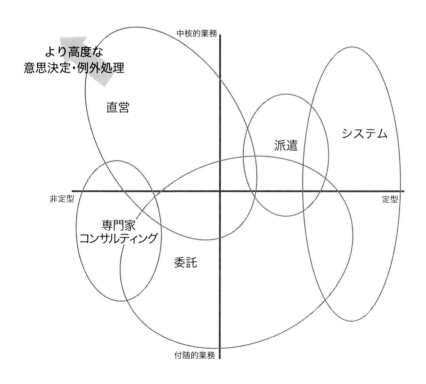

5 アウトソーシングに向けた 「業務整理」の課題

✔ アウトソーシング検討時に頓挫する理由
「経費節減効果が得られない」「業務整理が困難」
「個人情報の外出しが困難」「偽装請負対策の管理が
困難」「ノウハウの蓄積・継承に懸念」

✔ 部門横断的な検討を実施することで、解消できる
課題も多い。「経費削減効果」が釣り合わないケー
スも、検討範囲のボリュームが小さすぎることに
起因することが多い。

✔ ITの活用、業務の標準化、サービスを顧客視点で
再設計する「サービスデザイン」のコンセプトな
ど、BPR（ビジネスプロセス・リエンジニアリン
グ）の専門性が高まってきている。プロジェクトマ
ネージャーやBPRコーディネーターを戦略的に育
てることが重要。

アウトソーシング検討段階で頓挫する理由の主だったものは、「内部的に検討し切れなかった」ことに起因するものが多い。組織内においてBPRに関する企画人材を戦略的に育てることが非常に重要。

アウトソーシング検討の手順

フェーズ	検討	分析・調査（棚卸し）	設計（AsIs-ToBe）	実施	モニタリング評価
実施事項	・スコープ範囲の設定 ・チームの組成 ・「強み」の整理 ・「ありたい」の確認 ・資源のリバランス方針 ・トップの承認	・ヒアリング ・現状確認 ・棚卸し一覧表 ・帳票集 ・業務フロー ・割当て一覧	・「あるべき」状態 ・ツール利用検討 ・外部利用検討 ・戦略人材配置検討 ・担い手置換え ・必要な機能の追加 ・成果の設定 ・外部業者の選定	・PMの設置 ・担当・役割の設定 ・細部要件定義 ・役割分担の決定 ・エスカレルート確保 ・テスト、リハーサル ・初動の伴走方針	・リバランスの実行 ・品質管理 ・基準・ルールの管理 ・モニタリング ・アウトソーシング管理 ・費用対効果 ・リバランス評価 ・改善・フィードバック ・ナレッジ継承の準備
留意点	戦略・方針の不在 トップとの対話の不足	過剰・過小評価 実行者に丸投げ 時間を「作れない」	方針とのずれ 現状をコピーした設計	要件変更 丸投げ	ナレッジの不在 マイクロマネジメント

6 業務の棚卸し

✔ 外部活用などの検討→業務の分析・調査の段階で外部活用をすることも多いが、主導はしっかりと行うことが重要。その後の活用や改訂を見据えると、丸投げは推奨できない（「企画」「設計」能力の重要性）。

✔ 業務整理の結果は、「業務一覧」に収斂されていく。業務一覧においては、「MECE（漏れ無しダブり無し）」を意識し、項目ごとの粒度を揃える。また、例外処理など細かすぎる分岐や判断基準はFAQなどに外出ししてまとめていく。

✔ 業務一覧に委託化検討欄や自動化検討欄などを設けることで、業務改善や委託化に向けた準備を進めることができる。抜け漏れや工数の過大評価・過小評価は委託化後のトラブルや追加的コストに跳ね返るため、複数の目で確認を入れ、精度を上げる。

✔ 可視化したツールは、年に1度は点検・見直し、改訂を図る。

ポイント 業務分析・調査（棚卸し）は、業務改善の一丁目一番地。早めに着手し、業務の可視化を自らの手で改訂できる状態にしていくことを目指したい。

業務整理用のツール

① 業務フロー（Lv1〜3）

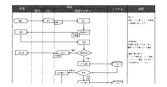

- Lv1 は全体俯瞰ができるもの
- Lv1 をマネジメント利用を想定し工数や数量管理に利用
- Lv2 はより細部プロセスを記載し品質をコントロールする
- 通常、Lv2 程度までで間に合う(状況によりLv3を作成)
- 関連するシステムを記載するようにする

② 帳票集

- インプット帳票とアウトプット帳票を明確にする
- 業務管理用台帳とは明確に分ける
- 同一のインプット内容が、複数のチャンネルにわたる可能性もあるためよく確認する（オンラインや他部署経由分など）

③ 業務一覧

- MECE（漏れ無しダブり無し）を意識し作成
- 項目の粒度を揃える
- 大・中・小項目、業務頻度、実施主体などを記載する
  例①大項目：制度→中項目：帳票→小項目：作業
  例②大項目：Lv1 フロー→中項目：Lv2→小項目：作業
- 委託化、自動化検討などの欄を設け、業務改善を推進する

Chapter 15

地域の改革と中間支援
（コミュニティ・協働支援）

滋賀大学　横山幸司

1 なぜ、地域の改革が必要なのか

- ✔ 不適切な歳入歳出、すなわち地域に対する不適切な補助金等の交付や過度な減免等は自治体経営の損失である。

- ✔ 都市内分権の名のもとに地域は疲弊している。支所の撤退等に伴い、指定管理者制度を地域自治組織に導入した"丸投げ"も見られる。

- ✔ 既存組織は担い手不足、財源不足等により、制度疲労を起こし、機能不全に陥っている。最悪、不祥事も起きている。

- ✔ 行政は、中間支援組織等を通じて、積極的に地域の組織や事業の統合再編や人材育成等を支援すべきである。

ポイント いくら役所内を改革しても、地域の改革が進まなければ行政経営改革は不十分である。

地域の改革が必要な理由

不適切な歳入歳出は、自治体経営の損失

都市内分権の名のもとに地域は疲弊

既存組織の制度疲労と機能不全

行政からの適切な指導・助言、中間支援の欠如

参考文献・関係法令

横山幸司「行政経営改革の理論と実務」(サンライズ出版、2023)

2 我が国のコミュニティ政策の歴史

✔ 戦前・戦中の反動により、国がコミュニティに関与することに及び腰となった。

✔ そのことが、行政職員ならびに住民にも誤解を与えていることが多い。

✔ 間違った行革と民間活力の導入が見られる。

✔ 長い歴史を持つがゆえに改革が進まない側面がある。

我が国のコミュニティ政策は戦前戦中の反動で、改革が進んでこなかったが、未曽有の人口減少社会・超高齢社会の中で、いよいよ改革が求められている。

我が国のコミュニティ政策の歴史

1989年	**「市制町村制法」施行** それ以前の地域住民組織が「自然村」となり、これが町内会の前身とされる
1940年	「万民翼賛」の観点から「部落会・町内会」に統一される。
1943年	**「市制町村制法」改正**　町内会に法的位置づけ
1947年	**占領軍により町内会禁止（1952年まで）** その後、高度経済成長期と比例して、町内会は復活し、準行政的な役割を果たしてきた。
1971年	**「コミュニティ（近隣社会）に関する対策要綱」（自治省）** モデル・コミュニティ地区による施策を実施するが、根本的なコミュニティの改革にはつながらなかった。
2003年	**指定管理者制度施行（地方自治法改正・総務省）**
2004年	**「地域自治区・地域協議会制度の創設」** **（地方自治法改正・総務省）** コミュニティ政策史上初めて、協働の場として位置づけられる。理念は崇高であったが、市町村合併の緩和措置としての意味合いが強かった。 地域自治組織と指定管理者制度が結びつき、各地でコミュニティセンターの管理を含めたまちづくり協議会等が設置される。

3 さまざまな地域自治組織①
（町内会）

✓ 町内会は、一般的には、法人格はない任意の地縁組織。各自治体では「自治基本条例」や「まちづくり条例」の中に位置付ける例も見られる。

✓ 住民の自主的な意思でつくられる任意団体であること、特定政党からの独立・自由、特定宗派からの独立・自由が三大原則

✓ 実体に伴い、「権利能力なき社団」として民事訴訟法第29条の当事者能力があると解釈されている。

✓ 町内会は治外法権ではない…自治体への虚偽の報告をすれば公文書偽造であり、町内会費等を流用したり、使い込めば、業務上横領の罪に問われる。

✓ 極めて公共的な団体であり、慣習的な運営や一部の有力者による恣意的な運営は許されない。

戦時体制の反動で法的根拠が弱い町内会。しかし、実体は極めて公共的な団体であり、単なる任意団体ではない。

町内会

法人格のない任意の地縁組織

住民の自主的な意思、特定政党からの独立・自由、特定宗派からの独立・自由が三大原則

権利能力なき社団として民事訴訟法第29条の当事者能力あり

住民自治は治外法権の意味ではない。

極めて公共的な団体であり、慣習的な運営や一部の有力者による恣意的な運営は許されない。

参考文献・関係法令 ▶

中田実・山崎丈夫・小木曽洋司「地域再生と町内会・自治会」（自治体研究社、2012）

3 さまざまな地域自治組織②（認可地縁団体）

✔ 認可地縁団体とは、地方自治法第260条の2「地縁による団体」の規定による団体のこと。保有資産の登記に必要な範囲で法人格が付与されるもの。

✔ 地域自治組織の多くは（法人格を有しない）任意団体であり、認可地縁団体によるものは少ない。

✔ 内閣府は、法人化のメリットとして、①代表者個人への負担に関する不安の解消、②様々な団体との契約・連携による事業の幅の広がり、③経済面・人材確保の面での安定化などを指摘している。

✔ 総務省「地域自治組織に関する研究会」では、①認可地縁団体制度の見直し（設立要件の緩和）、②公共組合や特別地方公共団体としての地域自治組織の可能性に関する検討が行われた。

ポイント 戦前の反動で町内会の法的根拠が弱いため、国は法人化による地域自治組織の強化を模索しているが、認可地縁団体にすれば、コミュニティの問題が解決するわけではない。

認可地縁団体

認可地縁団体とは、地方自治法第260条の２に基づき、保有資産の登記に必要な範囲で法人格が付与されるもの。

代表者個人への負担ではなく、団体として契約等が可能になる点にメリット

認可地縁団体にすれば、コミュニティの問題が解決するわけではない。

参考文献・関係法令

地方自治法第260条の２
総務省「地域自治組織に関する研究会報告書」（平成29年７月）
内閣官房 まち・ひと・しごと創生本部事務局「地域の課題解決を目指す地域運営組織の法人化～進め方と事例～」（平成30年６月）

3 さまざまな地域自治組織③（まちづくり協議会）

✔ 平成の市町村合併の進展に伴い、平成16年の地方自治法改正により地域自治区ならびに地域協議会が創設された。

✔ 地域自治区は、住民の意見をとりまとめる、住民に身近な事務を処理する機能が本旨。同様に、地域協議会は、重要事項等について市町村長の意見聴取、市町村長に対する意見具申が本旨。

✔ 法定の地域協議会に準じて、各地方自治体において条例による"まちづくり協議会"がつくられた。

✔ しかし、今日では、上記の本旨は忘れ去られ、プレーヤーとしての側面ばかりが強調され、行政からの下請けの受け皿となっている。

参考文献・関係法令

地方自治法第202条の4〜202条の9

ポイント 条例によるまちづくり協議会の原点は法定の地域協議会である。地域協議会は、そもそも町内会とは別次元の市民議会に近い組織であり、それが本旨。しかし、今日では、プレーヤーとしての側面ばかりが強調されている。

まちづくり協議会

まちづくり協議会の原点は、平成16年の地方自治法改正により創設された地域自治区ならびに地域協議会。

地域自治区は、住民の意見をとりまとめる、住民に身近な事務を処理する機能が本旨。

地域協議会は、重要事項等について市町村長の意見聴取、市町村長に対する意見具申が本旨。

法定の地域協議会に準じて、各地方自治体において条例による"まちづくり協議会"がつくられた。

上記の本旨は忘れ去られ、プレーヤーとしての側面ばかりが強調され今日に至っている。

3 さまざまな地域自治組織④ (町内会やまちづくり協議会の諸課題)

✓ 加入率の低下…住民が加入するメリットを感じない、逆に負担感を感じる。若い人や女性の意見が反映されない。

✓ 少子高齢化による担い手不足…事業・組織が多すぎて担い手がいない。ボランティア活動も限界にきている。

✓ 役員の多選・固定化…担い手不足から役員が固定化し、さらにそれが非民主的な運営につながったりしている。

✓ 財政的問題…一部の役員によって予算が決定されたり、交付金等の使途が不透明だったりする。また、自主財源不足や会費の固定化、特定の事業だけに予算が配分されるなどの予算の偏在も見られる。

✓ 町内会とまちづくり協議会の意義が理解されず、役割分担が明確でない。
まちづくり協議会は町内会の代行であったり、イベント組織になっていたりする。
そこに指定管理者制度を導入したがために、さらに住民の負担感が増大している。比例して交付金の膨張という問題も起きている。など

ポイント 町内会やまちづくり協議会では、これらの諸課題を解決していかないと、今後、運営が立ち行かなくなる。最悪の場合、不祥事の温床となる。今一度、その役割を明確にし、組織や事業をスクラップアンドビルドする必要がある。

町内会やまちづくり協議会の諸課題

加入率の低下や少子高齢化による担い手不足

役員の多選や固定化による非民主的な運営

財源不足や既得権益化、不透明な会計

まちづくり協議会と町内会との違いも理解されていない。住民からは、屋上屋を重ねているとしか見られていない。

さらに指定管理者制度まで導入され、住民には負担の増加でしかない。

3 さまざまな地域自治組織⑤ （その他の地域自治組織）

✔ 町内会やまちづくり協議会など従来の地域自治組織の他に、近年は各省庁から地域を管理する組織や事業が提唱されている。

✔ 代表的なものに農林水産省の「農村型地域運営組織（農村RMO）」、国土交通省の「『小さな拠点』を核とした『ふるさと集落生活圏』形成推進事業」、厚生労働省の「重層的支援体制」などがある。

✔ いずれにせよ、その前提となるのは既存の組織や事業のスクラップアンドビルドである。この基本的な整理も出来ずに上からキャップをはめるように、新たな法人や制度を導入しても、屋上屋を重ねるだけで結局はうまくいかない。

各省別に、さまざまな地域自治組織が提唱されているが、本質的には共通している。問題は、どの類型をあてはめるかではなく、その前に既存の組織や事業をスクラップアンドビルドすることこそが重要。

その他の地域自治組織

国 交 省	小さな拠点	人口減少や高齢化が進む中山間地域等において、基幹集落に複数の生活サービスや地域活動の場を集め、周辺集落とネットワークで結ぶ地域の拠点
農林水産省	農村 RMO	複数の集落の機能を補完して、農用地保全活動や農業を核とした経済活動と併せて、生活支援等地域コミュニティの維持に資する取組を行う組織
厚生労働省	重層的支援体制	地域住民の複合・複雑化した支援ニーズに対応する包括的な支援体制を整備するため、対象者の属性（高齢、障害、子ども、生活困窮）を問わない相談支援、多様な参加支援、地域づくりに向けた支援

参考文献・関係法令

※農林水産省ウエブサイト「農村型地域運営組織（農村 RMO）の推進 〜地域で支え合うむらづくり〜」https://www.maff.go.jp/j/nousin/nrmo/ （2023.12参照）
※国土交通省「『小さな拠点』を核とした『ふるさと集落生活圏』形成推進事業」（R4まで）

4 中間支援の手順と方法

✔ 地域に存在する組織や事業の棚卸し、ならびに自治体が地域に対して実施している補助金等の把握。
地域の課題（需要）の把握…アンケートやヒアリング調査の実施

✔ 関係課が集まり、公共私の役割分担ならびに地域に実施している補助金等を整理→組織・事業、補助金等のスクラップ＆ビルド、公民連携等も検討。
→適切な中間支援策を検討。

✔ 上記の原案を住民や地域の団体も交えて、議論する。その際、団体間の連携調整も行う。陳情要望の場ではない。お互いの押し付け合いにならないよう留意する。

✔ 上記の過程を踏まえて「市民自治計画」や「市民協働推進計画」を策定する。そうした計画を基に、できれば、中間支援組織を設置して、絶えず、適切な指導・助言や人材育成等を行っていく。

地域の改革は行革の手順に比例する。まずは現状の把握をし、そのうえで既存の組織・事業ならびに補助金等公的支援の見直しを図っていくことが肝要である。

中間支援の手順と方法

地域の組織や事業ならびに自治体の地域に関する施策についての棚卸し、地域の現状と課題の把握

公共私の役割分担を整理した上で必要な組織・事業ならびに補助金等のスクラップアンドビルド案を作成

住民や地域の団体との協議、関係機関との調整

「市民協働推進計画」等の策定や、適切な中間支援を行う

参考文献・関係法令

横山幸司「行政経営改革の理論と実務」(サンライズ出版、2023)

■編著者略歴

横山　幸司（よこやま　こうじ）

滋賀大学経済学部 教授／社会連携センター長

行政職員を経て2013年度より現職。行政職員の間に国、県、市、町村という地方自治の全ての層に勤務した経験を持つ。各種行政委員や講演等で関わった自治体は延べ380以上を数える。（2024.3時点）内閣府地域活性化伝道師、内閣府 PFI 推進委員会専門委員、関西広域連合協議会有識者委員、滋賀県行政経営改革委員会委員をはじめ国及び地方公共団体における公職を多数歴任。主な著書に、「行政経営改革の要諦」「コロナ時代を生き抜く自治体経営論」「行政経営改革の理論と実務」など。博士（学術）

■執筆者・執筆分担

横山幸司　滋賀大学経済学部 教授／社会連携センター長
　　　　　　　　　（第1～4, 6, 8～9, 12～13, 15章）
廣瀬浩志　㈱カウンティコンサルティング　代表取締役（第5章）
三宮章敬　㈱ケーケーシー情報システム　自治体 DX 推進室長（第7章）
今岡夕子　アジア航測㈱　認定ファシリティマネジャー（第10章）
平田明寿　㈱日水コン　シニアエンジニア（第11章）
島　健人　キャリアリンク㈱　常務執行役員（第14章）

図解版 行政経営改革の理論と実務

2024年5月31日　初版第1刷発行

編　著　横　山　幸　司

発行者　岩　根　順　子

発行所　サンライズ出版株式会社
〒522-0004 滋賀県彦根市鳥居本町655-1
☎ 0749-22-0627

印刷・製本　サンライズ出版株式会社